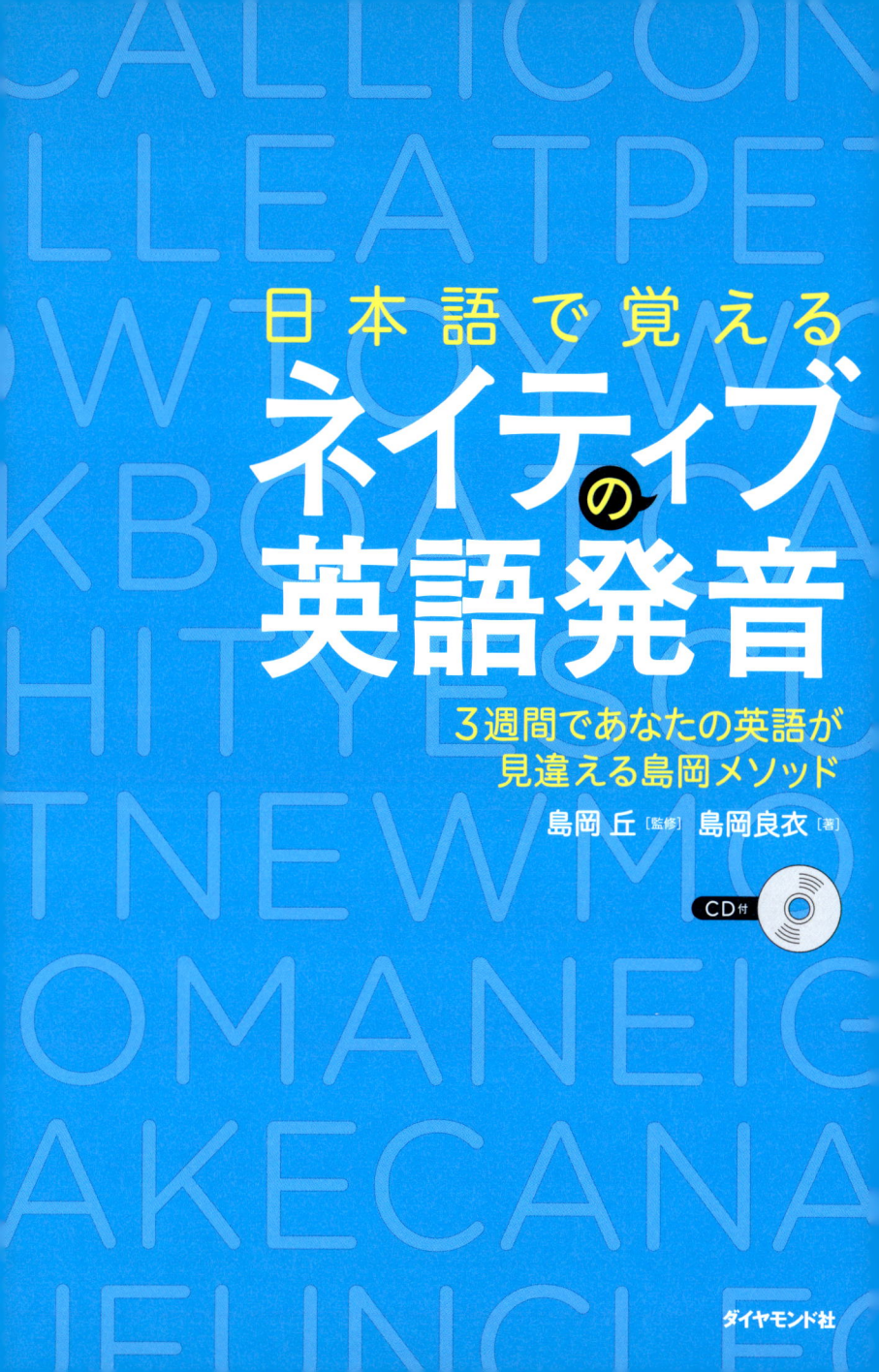

　本書で紹介する英語発音修得法「島岡メソッド」は、「日本語を活用して、自然な英語の発音をマスターする」ユニークなトレーニング法です。その特徴は、主に5つあります。

その1： 学術的な成果に基づいている
その2： 日本語を使った練習法なので、わかりやすい
その3： 難しいトレーニングがいらない
その4： 即効性があり、定着しやすい
その5： つづりと発音の関係を理解できるようになる

　3週間、本書でトレーニングを重ねれば、日本人には難しいとされるrとlの発音の区別などがきれいにできるようになるだけではなく、英語を聞き取る力も向上します。また、つづりと発音の関係も整理してあるので、新しい単語に出会っても、発音をある程度想像することができるようになります。

　しかし、本書の一番の狙いは、英語を完璧に話すことではなく、どんなに英語が苦手だと思い込んでいる人でも、自信をもって話せるようになることにあります。

新たなカタカナ表記の取り組み

　島岡メソッドは、本書の監修者であり、私の父でもある島岡丘が開発した、島岡式カタカナ表記（= Shimaoka Katakana Transcription［略称：SKT］）を活用した英語の発音習得法です。私がはじめてSKTに出会ったのは、まだ小学生のころでした。当時、まだSKTは確立されておらず、私はむしろその実験台でした。

Japanの初めの"Ja"の音が出ず、「ジャではなく、口を丸めてヂュと発音しなさい」などと、よく言われたものです。

当時父は、英語の音声学・音韻論を専門とし、東京教育大学（現・筑波大学）で教鞭をとっていました。しかし、英語の発音を「発音記号」から教えることに疑問を感じていました。と言うのも、学生の大半は海外生活の経験がなく、自然な英語の発音になじみがなかったからです。英語の発音記号は、日本語の読み仮名と同じ役割をしますが、ネイティブの発音を知らないため、舌の位置や口の形、力の入れ具合などを懇切丁寧に教えてもなかなか伝わらず、苦労をしたようです。

そこで、あるとき父は黒板に、カタカナで「**テイ　ケッ リーズイ**」と書いてみました。これは"Take it easy."を、日本語のカタカナで表記したものですが、驚くことに、これを読んだ学生たちが、何の苦労もなくネイティブ顔負けの発音をしたそうです。父はそれまで、英語音声学者として、カタカナ英語に相当な抵抗を持っていましたが、この出来事で大きく見方を変えました。「日本人は、日本語が母国語なのだから、その日本語を最大限活用すればよい」と考えたのです。SKTはこのようにして誕生しました。

SKTの取り組みは、まず、英語の発音記号をカタカナ化することから始まりました。カタカナだけでは表せないところは、文字の大小や濃淡で補い、表記に幅を持たせました。次に、日本語の単語や表現の中に、英語と同じ、または英語に近い発音をするものを探し、整理しました。例えば、NHK「英語でしゃべらナイト」でも取り上げられた"I get off."（バスなどから「降りる」）は、「揚げ豆腐」と近似の発音であり、英語の発音を理解する上でのよい手がかりになります。本書に出てくるものの多くは、こうした試みの中で、父が考案したものです。

島岡メソッドが生まれた経緯

　私の本業は、企業が合併や買収などM&Aをする際にアドバイスをする仕事です。国境をまたがる案件に関わることも多いのですが、日本人のマネージメントが、外国人のマネージメントや社員とのコミュニケーションを敬遠する様子を間近に見ることも多く、歯がゆく思っていました。

　英語を話せなければ通訳を使えばいいですし、たとえ片言だとしても、コミュニケーションをとろうと努力をすれば、相手との距離が格段に近くなると思います。しかし、実際は、英語が話せるにも関わらず、発音に自信がなく、通じるかどうか不安だ、という理由だけで、直接的なコミュニケーションをためらってしまうことが少なくありません。

　あるとき、「こうしたコンプレックスを、どのように解消したらよいか？」という問題意識を父と話し合う機会があり、「SKTを役立ててみてはいいのではないか」と思いつきました。SKTは、日本語を活用して、英語の発音を身に付けることを主眼としています。また、1,000語近い英単語がすでに日本語化されており、これらをうまく英語らしく発音することができれば、英語に対する抵抗感がなくなるのではないか、と考えたのです。そして、父とともに3年以上の月日をかけ、SKTに基づいた教授法やこれまでの父の業績を整理し、新たな島岡メソッドとしました。本書は、いわば島岡メソッドのバイブルであり、3週間のトレーニングの中には、ネイティブの子どもたちが学ぶフォニックスの手法（つづりと発音の規則性について学ぶ方法）も一部取り入れることにしました。

　本書では、難しい練習は一切必要としていません。英語を上手に発音するためには、特別な筋肉を鍛えなければならないとか、長年海外

で生活しなければならない、などと思い込んでいる方もいるかもしれませんが、ちょっとした工夫と、それを声に出してみようという勇気があればいいのです。本書を手にとってくださった皆さまには、ぜひ、肩に力を入れず、3週間のトレーニングを楽しんでいただきたいと思います。

SKTを新しくメソッド化するこの企画がスタートした翌年、秋田県大仙市立大曲中学校の1年生全員の前で、父とともに、企画の中身について少しお話しする機会がありました。英語を学ぶ楽しさをわかってもらおうという趣旨だったのですが、生徒さんたちの生き生きとした眼差しが忘れられず、彼らの卒業までには本書を出したいと考えておりました。それを何とか実現し、約束を果たせることを、感慨深く思います。

また、本書を発刊するにあたり、支えてくださったすべての皆さまに、この場を借りて、心から御礼申し上げます。

最後に、読者の皆さまにお願いがあります。本書を読んだご感想、「このように工夫したほうがよいのではないか」というアイデア、「こんな成果があった」などといった成功談を、ぜひお聞かせください。いただいたご感想やご意見、経験談などを参考とし、島岡メソッドのさらなる向上に努めていきたいと考えております。何とぞよろしくお願いいたします。

2013年2月
島岡良衣

Contents

はじめに ・・・ 3
本書の構成 ・・・ 12
特別なカタカナ表記 ・・ 13

第1週 母音編 英語の「あいうえお」をマスターしよう！ 15

1日目 ▶ a の発音 19

アルファベット読み	エイ [eɪ]	cake →警句	20
基本音	ェア [æ]	Canada →毛穴だ！	22
a + r	アーァ [ɑːr]	car →（カラスが）カーァ	24
a + l	オー [ɔː]	call →降雨	25

今日の会話❶ ・・ 26

2日目 ▶ i の発音 27

アルファベット読み	アイ [aɪ]	icon →あ、いかん！	28
基本音	イェ [ɪ]	hit →「ヒェ〜」と	30
y を伴う母音	ィ [j]	yes →家康	32

今日の会話❷ ・・ 34

3日目 ▶ u の発音 35

アルファベット読み	ィユウ [juː]	cue →9	36
基本音	ア [ʌ]	uncle →鮟鱇	38
その他の発音 (1)	ウゥ [uː]	clue →狂う	40
その他の発音 (2)	ウォ [ʊ]	pull →（電）報	41

今日の会話❸ ・・ 42

4日目 ▶ e の発音 43

アルファベット読み	イー [iː]	eat →イーッだ！	44
基本音	エ [e]	pet →「ペッ」と	46
e + w	ウゥ／ィユウ [juː]	new →縫う、（牛）乳	48
e + y	ィ [i]	money →真似	49

今日の会話❹ ・・ 50

5日目 ▶ o の発音 51

アルファベット読み	オウ [oʊ]	home →法務	52
基本音	ァア [ɑ]	hop →発布	54
o + w	アゥ [aʊ]	how →這う	56
o + y	オイ [ɔɪ]	toy →遠い	57

今日の会話❺ ・・ 58

6日目 ▶ その他の母音の発音① 　　　　　　　　　　　　　　　　　　　　59

あいまい母音	ア [ə]	woman → 魚ﾏﾝ	60
ai、ei、ea など	エイ [eɪ]	eight →「エイッ！」と	62
ea、ee、ei、ie など	イー [iː]	east → イースト（菌）	63
oo (1)	ウウ [uː]	zoo → ずーっ（と）	64
oo (2)	ウォ [ʊ]	cook → 9 × 9	65
oa	オウ [oʊ]	boat → 暴徒	66
oi	オイ [ɔɪ]	coin → 子犬	67

　　まとめ ・・・・・・・・・・・・・・・・・・・・・・・・・・・・・・・・・・・・ 68

7日目 ▶ その他の母音の発音② 　　　　　　　　　　　　　　　　　　　　69

rを伴う母音			70
ou + r	アウァ [áʊər]	hour → 粟	71
ea + r、ee + r	イェァ [ɪər]	peer → ピア（ス）	72
ou + r、oo+r	ウァ [ʊər]	tour → 東亜	73
ai + r、ea + r	エァ [eər]	bear →（相撲）部屋	74
ou + r、oo + r	オーァ [ɔːr]	pour →（電）報	75
母音文字1字＋ r	ア〜 [əːr]	bird など	76
例外の発音：ea + r	ア〜 [əːr]	heard	77

　　まとめ ・・・・・・・・・・・・・・・・・・・・・・・・・・・・・・・・・・・・ 78
　　母音の発音20音 ・・・・・・・・・・・・・・・・・・・・・・・・・・・・・ 79
　　英語を上手に発音するためのワンポイント・アドバイス ・・・・・・ 80

第2週　子音編　紛らわしい発音をマスターしよう！　　　81

8日目 ▶ r と l の区別 　　　　　　　　　　　　　　　　　　　　　　　　85

wで始まる語、rで始まる語	ゥウ [w]、ゥル [r]	way, ray	86
nで始まる語、lで始まる語	ヌ [n]、ヌル [l]	net, let	87
rとlの区別（rの発音）	ゥル [r]	right	88
rとlの区別（lの発音）	ヌル [l]	light	89
語末のl	ウ [l]	mile	90

　　今日の会話❻ ・・・・・・・・・・・・・・・・・・・・・・・・・・・・・・・・ 92

9日目 ▶ b と v の区別／p と h と f の区別　　　　　　　　　　　　　93

bとpの区別	ブ [b]、プ [p]	bet, pet	94
vとfの区別	ヴ [v]、ウ [f]	vase, face	95
bとvの区別（bの発音）	ブ [b]	best	96
bとvの区別（vの発音）	ヴ [v]	vest	97
pとhとfの区別（pの発音）	プ [p]	pat	98

pとhとfの区別（hの発音）	**フ** [h]	hat	98
pとhとfの区別（fの発音）	**ヴ** [f]	fat	99
今日の会話❼			100

10日目 ▶ z/s と th の区別　　　　　　　　　　　　　　　　　101

s/se/ceで終わる語、sで終わる語	**ズ** [z]、**ス** [s]	peas, peace	102
th(e)で終わる語	ズ [ð]、ス [θ]	teethe, teeth	103
zとthの区別（zの発音）	**ズ** [z]	Zen	104
zとthの区別（thの発音）	ズ [ð]	then	105
sとthの区別（sの発音）	**ス** [s]	sink	106
sとthの区別（thの発音）	ス [θ]	think	107
今日の会話❽			108

11日目 ▶ d と t の区別／単数形と複数形の区別　　　　　　　109

dで始まる語、tで始まる語	**ディ** [d]、**ティ** [t]	deem, team	110
dで終わる語、tで終わる語	ド [d]、ト [t]	mad, mat	111
dsとtsの区別（dsの発音）	**ヅ** [dz]	beads	112
dsとtsの区別（tsの発音）	**ツ** [ts]	beats	113
dとdsとsの区別（dの発音）	ド [d]	card	114
dとdsとsの区別（dsの発音）	**ヅ** [dz]	cards	115
dとdsとsの区別（sの発音）	**ズ** [z]	cars	115
ts/tesとt/teの区別（ts/tesの発音）	ツ [ts]	minutes	116
ts/tesとt/teの区別（t/teの発音）	ト [t]	minute	117
今日の会話❾			118

12日目 ▶ 口の奥のほうから出す音／鼻から出す音　　　　　　119

g、k、cで始まる語	**グ** [g]、**ク** [k]	gold, cold	120
g、k、c (k)で終わる語	グ [g]、ク [k]	pig, pick	121
m、nで始まる語	**ム** [m]、**ヌ** [n]	mice, nice	122
n、ngで終わる語	ンヌ [n]、ング [ŋ]	run, running	123
gとng/ngueの区別（gの発音）	グ [g]	tag	124
gとng/ngueの区別（ng/ngueの発音）	ング [ŋ]	tongue	125
nとmの区別（nの発音）	ンヌ [n]	sun	126
nとmの区別（mの発音）	ム [m]	sum	127
今日の会話❿			128

13日目 ▶ 唇を丸めて出す音　　　　　　　　　　　　　　　　129

dge、chで終わる語	**ヂュ** [dʒ]、**チュ** [tʃ]	bridge, breach	130
shで終わる語	**シュ** [ʃ]	fish	131
sionとtionの区別（sionの発音）	ジュンヌ [ʒn]	occasion	132

sionとtionの区別（tionの発音）	シュンᴺ [ʃn]	station	133
shとsの区別（shの発音）	シュ [ʃ]	she	134
shとsの区別（sの発音）	ス [s]	sea	135
今日の会話⓫ · 136			

14日目 ▶子音の連結（子音＋r、子音＋l） 137

drで始まる語	ヂュ [dr]	drip	138
trで始まる語	チュ [tr]	trip	139
gr、crで始まる語	グゥル [gr]、クゥル [kr]	grape, crape	140
gl、clで始まる語	グヌル [gl]、クヌル [kl]	glue, clue	141
br、prで始まる語	ブゥル [br]、プゥル [pr]	bride, pride	142
bl、plで始まる語	ブヌル [bl]、プヌル [pl]	bleed, plead	143
frで始まる語	ウゥル [fr]	fright	144
flで始まる語	ウヌル [fl]	flight	144
sprで始まる語	スプゥル [spr]	sprite	145
slで始まる語	スヌル [sl]	slight	145
今日の会話⓬ · 146			
子音の発音 24音 · 147			
英語を上手に発音するためのワンポイント・アドバイス · · · · · 148			

第3週　仕上げ編　自然な発音をマスターしよう！ 149

15日目 ▶単語のつながり① 153

...k＋母音	back up →バカ！	154
...l＋母音	call on →口論	156
...d＋母音	send off →船頭	158
...t＋母音	I get off. →揚げ豆腐	159
子音＋子音	Good morning! →愚問ねん	160
今日の会話⓭ · 162		

16日目 ▶単語のつながり② 163

...k＋you	I like you. →荒井九	164
...l＋you	I'll call you. →…交流	166
...t＋you	Won't you come? →御中…	168
...d＋you	Could you come? →苦渋…	169
今日の会話⓮ · 170		

17日目 ▶ be動詞の短縮形 171

It is → It's	It's small. →いつ住もう？	172
That is → That's	That's nice. →雑な椅子	173

There is → There's	There's none. →図絵図…	174
He is → He's	He's a doctor. →膝…	175
She is → She's	She's cool. →滴	175
You are → You're	You're big. →湯浴び	176
They are → They're	They're mean. →世阿弥	177
今日の会話❺	･･････････････････････ 178	

18日目▶消える音・弱くなる音① 179

hの音	I like him. →荒井家	180
…and…	you and I →言わない	182
it/that	Take it! →定期	184
going to…	I'm going to… →購（う）	186
今日の会話❻	･･････････････････････ 188	

19日目▶消える音・弱くなる音② 189

Can I…?	Can I help you? →毛ない…	190
was	I was wrong. →…渦…	192
前置詞 from	I'm from Bali. →…踏ん張り	194
前置詞 of	a cup of tea →河童亭	195
今日の会話❼	･･････････････････････ 196	

20日目▶アクセント 197

強弱でメリハリをつけよう	198
複合語のアクセント	200
アクセントの移動	202
強弱で意味が変わる	204
今日の会話❽ ･･････････････････････ 206	

21日目▶イントネーション 207

イントネーションでニュアンスが変わる	208
付加疑問文	210
選択疑問文と列挙文	212
イントネーションの位置が動く	214
今日の会話❾ ･･････････････････････ 216	

音声学の世界的権威も認めた SKT ･････････････････････	217
発音記号と SKT 表記の対応 ･････････････････････････	218
監修後記 ･･･････････････････････････････････････	220
本書に出てきた単語集 ･････････････････････････････	223

本書の構成

本書では、3週間（21日間）で、母音、子音すべての発音と、英語発音の基礎がマスターできるよう、メニューが作られています。

第1週 母音の発音練習をします。日本語では「あいうえお」の5音しかない母音も、英語には20音あります。まず、英語の母音（a、i、u、e、o）について、それぞれの文字のアルファベット読みと基本音を学び、その後、rを伴う母音や、発音とつづりの規則的な関係を学んでいきます。

第2週 子音の発音練習をします。日本人にとって難しいとされるrとlの発音の区別をはじめ、紛らわしい発音を対比しながら、子音すべての音をマスターします。

第3週 音のつながり、イントネーションなど、英語をより流暢に話すことができるようになるためのヒントがまとめられています。

また、練習したことを確認するため、毎日の終わりに「今日の会話」やその日のまとめが掲載されています。

巻末単語リスト 本書に出てくるすべて単語の一覧です。それぞれの単語について、「カタカナ表記」「SKT表記」「発音記号」「意味」が記載されています。

❖ CDについて

CDマークが付いているページに掲載されている単語や英語表現、および、著者による解説が収録されています。解説を読みながら、実際の発音を確認しましょう。

CDマークに記載されている数字はトラック番号です。たとえば、CD10 はトラック10に録音されていることを示します。

特別なカタカナ表記

普段使っている日本語のカタカナだけで英語の発音を表記することには限界があるため、SKTでは、特別なカタカナ表記を使用しています。

❶ 強弱の区別を表す

英語の単語は、強弱がはっきりしているため、SKTでは、強弱について、「太字（最も強い）→標準文字→小文字（最も弱い）」の3段階の区別をしています。
＊太字の小文字は、前後の音と一体化していることを表します。

❷ 口の形を表す

wやrの前に「ウ」が、lの前や語末のnの後には「ヌ」が小さく表記されています。これは、発音ではなく、口の形を示す表記です。

→第2週8日目参照

＊Wのつづりの前の「ゥ」は、次の音と一体化していることを表します。

❸ fの音を表す

fish

SKT ヴィエシュ

[f] の発音は、日本語の表記にないため、「ウ」に「゜」を付けて表記しています。下唇を噛むというよりも、上の歯に下唇を添えるようにして出す音です。
→第2週9日目参照

❹ 文末の閉鎖音を表す

sum

SKT スアム

プ(p)、ブ(b)、ト(t)、ド(d)、ク(k)、グ(g)、ム(m)などが語末に来る場合(閉鎖音といいます)は、弱く発音したり、口の構えを作るだけで、ほとんど発音しないため、それぞれのカタカナ表記を小さくしています。
→第2週12日目参照

第❶週
母音編

英語の
「あいうえお」を
マスターしよう！

第1週で練習すること

学習の目的 ▶▶▶

第1週では、日本語の「あいうえお」に相当する、20種類の英語の母音を学びます。

解 説

　日本語の母音が、あいうえおの5つであるのに対して、英語の母音は、実に20通り（注）もあります。10世紀ごろまでは、日本語と同じように、英語の母音も、基本的にはa（ア）、i（イ）、u（ウ）、e（エ）、o（オ）の5つであり、つづり字も、発音をほぼ忠実に反映するものだったようですが、長い歴史の中で、他言語の影響を強く受けたことにより、さまざまに変化してきました。

　第1週では、日本語の発音を手がかりとして、こうした20の母音をすべてマスターします。

　はじめの5日間は、英語の母音文字であるa、i、u、e、oの読み方を練習します。英語の母音文字は、ローマ字のa（ア）、i（イ）、u（ウ）、e（エ）、o（オ）と共通ですが、それぞれには、アルファベット読み（長母音）と基本音（短母音）という2つの異なる読み方があるほか、他の文字と組み合わさることで、規則的に変化する読み方などがあります。たとえば、アルファベットの a には、アルファベット読みの「**エイ**」、基本音の「**ェア**」のほか、「**アー**」「**オー**」など異なる読み方があります。これらの発音をマスターするために、1日目では、cake、Canada、car、callなど身近な単語を取り上げ、SKT式カタカナ表記で読みがなをふりました。さらに、cake は「**警句**」、Canada は「**毛穴**だ！」、car は「（カ

ラスの)**カー**ァ」、callは「**降雨**」という具合に、日本語での近似発音をヒントとして併記してあります。こうして、日本語を手掛かりとして、英語の自然な音を発音することができます。また、アルファベットの読み方と、発音とつづりのさまざまな規則性を理解すると、はじめて見る単語でも、ある程度発音を予測することができるようになります。

6日目、7日目は、その他の母音の発音を練習します。6日目は、あいまい母音を練習するほか、母音文字が組み合わさった場合の発音（※いわゆる二重母音ではありません）のパターンを練習します。そして、最後の7日目では、母音を伴うrの発音をまとめて整理し、練習します。

母音を伴うrの発音には、2種類の舌の使い方があり、ここでの練習でコツをつかむと、rの前後のつづりを見ただけで、発音を具体的に想像し、区別することができるようになります。

1日目から5日目までの最後のページには、それぞれの日に練習した発音を多く取り入れた「今日の会話」が用意されています。単語の練習だけでは物足りない人は、ぜひこちらもチャレンジしてみてください。ただし、英語では、単語と単語がつながることで、発音が変化する場合があるため、会話の中に記載されている発音表記には、その日に説明した内容と違いが生じる場合があるので、注意してください。詳しくは、第3週で説明をします。

(注)スタンダードな数え方に基づくもので、定義によっては、母音の数が異なることがあります。rを伴う母音を区別しない、あいまい母音の種類を複数認識するなど、数え方により、16通りから20通りと幅があります。

今週、練習する内容を下記にまとめました。

第1週は、英語の母音文字である a、i、u、e、o のアルファベット読みと基本音のほか、規則的に変化する発音、例外的な発音などを練習し、母音の発音 20 音をすべてマスターします。

みなさんがすでによく知っている日本語の発音を手がかりに、それぞれの音を確認していきましょう。

日	練習内容
1日目	a の発音
2日目	i の発音
3日目	u の発音
4日目	e の発音
5日目	o の発音
6日目	その他の母音の発音①
7日目	その他の母音の発音②

第❶週

【母音編】
英語の「あいうえお」をマスターしよう！

1日目

aの発音

今日の練習内容

アルファベット読み「**エイ**」、基本音「**ェア**」のほか、a のあとに r や l が続く場合の読み方を練習します。

▶ アルファベット読み

エイ [eɪ]

cake

（ケーキ）

SKT **ケイ**ク

☞ 「警句」をイメージして

- ▶ 少し息をためてから、「エィ！」と気合いを入れるように、一気に発音しましょう。
- ▶ 語末の「ク」は、息だけを軽く出す感じです。

英語の「あいうえお」をマスターしよう！ 第❶週

その他の英単語

単語	SKT表記	一般的な カタカナ表記
d a te (日にち・デート)	デイト	デート
n a me (名前)	ネイム	ネーム
d a y (日)	デイ	デー

解説

▶ 単語が e で終わるとき、直前の母音は、多くの場合、アルファベット読みになります。cake、date、name は、終わりが e なので、その前の a を「エイ」と読みます。例外：have (**ヘア**ヴ、持つ)、come (**カ**ム、来る)、love (ⁿ**ラ**ヴ、愛する)、become (ビ**カ**ム、〜になる) など。

▶ また、day のように "ay" で終わり「エイ」と発音する単語もあります。

▶ 基本音

ェア [æ]

Canada

（カナダ）

SKT ケアナダ

👉 「毛穴だ！」をイメージして

▶ 「ケ」と「ア」を同時に発音するイメージです。出だしは、日本語の「エ」よりも、口を横に大きく開いて、勢いよく発音しましょう。

英語の「あいうえお」をマスターしよう！ 第❶週

その他の英単語

単語	SKT 表記	一般的な カタカナ表記
add （加える）	**ェア**ド	アッド
back （うしろ）	**ベア**ク	バック
happy （幸せな）	**ヘア**ピィ	ハッピー

解説

▶ a の発音の中でも、特に多い発音です。

質問コーナー

Q 母音の発音が「**ェア**」なのに、たとえば happy の場合、「**ヘア**ピ」とはせず、「**ヘア**ピィ」となっているのはなぜですか。

A 出だしの h の音は、「ア」と結びつき、力を入れて発音します。「ヘ」と小さく表記すると、h の音を弱く発音してしまうため、このように表記しています。

▶ a + r

アーァ [ɑːr]

car

(車)

🔊 **カー**ァ

 （カラスが）「カーァ」と鳴くのをイメージして

発音のコツ

▶ あくびするように、口を大きく開けて発音します。

▶ 「カー」でも通じますが、r の音を出したいときは、「カー」と発音したあとに、舌先を少しだけ持ち上げると、簡単に r の音を出すことができます。喉がふさがるほど舌を巻いてしまうと、かえって不自然な音になります。

その他の英単語

単語	SKT 表記	一般的な カタカナ表記
pa**rk** （公園）	**パー**ァク	パーク
sta**r** （星）	**スター**ァ	スター

英語の「あいうえお」をマスターしよう！ 第❶週

▶ a + l

オー [ɔː]

call

（呼ぶ）

SKT コーウ

👉 「降雨」をイメージして

発音のコツ

▶ 口の中にピンポン球を入れるような要領で「**コー**」と発音します。

▶ 最後の l は、日本語の「ウ」と言うつもりで発音すると、英語らしく聞こえます。（90～91ページ参照）

👉 アメリカ西海岸では、むしろ「**カー**ウ」と発音するのが一般的です。

その他の英単語

単語	SKT 表記	一般的な カタカナ表記
all （すべての）	オーウ	オール
t**al**k （話す）	トーク	トーク

今日の会話❶

CD 05

マキ（Maki）が留学している大学の寮での会話です。
学生たちの世話をするスクール・アドバイザーの Peter が声をかけてきました。

Peter: Hi, are you new here? ハアイ　アー　ィユウ　ニュウ　ヒァ	ハ～イ、 君、来たばかり？
Maki: Yes, I just came here from Tokyo. ィエス　アイ　ヂュアスト　ケイム　ヒァ　ヴム　トウキオウ	ええ、東京から 来たばかりよ。
Peter: What's your name? ゥワ　チュア　ネイム	名前は？
Maki: I'm Maki. And you are... アイム　マキ　エアン　チュウ　ア…	私はマキ。 あなたは？
Peter: I'm Peter. You can call me Pete. アイム　ビータァ　ィユウ　クン　カーウ　ミ　ビート	僕はピーター。 ピートって呼んで。
I'm the advisor here. アイム　ズィ　アドヴァイズァ　ヒァ	ここのアドバイザー なんだ。
Don't hesitate to ask anything. ドウント　ヘズィテイト　タ　エアスク　エネイスィエング	何でも遠慮なく 聞いて。
Maki: Thank you, Pete. スェアン　キュウ　ビート	ピート、 ありがとう。

a を伴う発音

advisor, am, and, anything, are, ask, came, can, hesitate, name, thank

解説 ■Are you new here? という疑問文を肯定文にして、I'm new here. と言えば、「最近ここに来ました」という意味。■I came from... に、I just came from... と just が入ると、「来たばかり」というニュアンスが含まれる。just の後は過去形となる。■meet には、「出会う」という意味があり、Nice to meet you. は、初めて会う人に対して、Nice to see you は、2度目以降に会う人に対して使われることが多い。■Don't hesitate to... は「遠慮なく…して」という意味。

第❶週

【母音編】
英語の「あいうえお」をマスターしよう！

2日目

CD 06

iの発音

今日の練習内容

アルファベット読み「**アイ**」、基本音「**イェ**」のほか、「イ」に近い発音として、半母音のyから始まる発音も練習します。

▶ アルファベット読み

アイ [aɪ]

icon

（アイコン）

SKT アイカンヌ

☞ 「あ、いかん！」をイメージして

▶ 出だしの「ア」に力を入れ、一気に発音します。日本語式に「アイコン」と単調に発音しても通じません。

▶ 語末の「ヌ」は、実際には発音せず、舌先を歯ぐきの裏側にあてて止めるようにします。

英語の「あいうえお」をマスターしよう！ 第❶週

その他の英単語

単語	SKT 表記	一般的な カタカナ表記
bite （かむ）	バイト	バイト
ice （氷）	アイス	アイス
m**i**nd （気持ち）	マインド	マインド

解説

▶「**アイ**」は、とても発音しやすい母音です。出だしの「ア」に力を入れて、メリハリのある発音を心がけましょう。

質 問 コ ー ナ ー

Q SKTでは、語末（単語の最後に来る音）の「ト」や「ド」を小さく表記することがありますが、それはなぜですか。

A それは、その音が弱くなるからです。英語では、p、b、t、d、k、gなどを「舌や唇で、いったん息の流れを止める」ことから、「閉鎖音」と呼びますが、これらが語末に来るときの音を強く発音する場合（ためた息を一気に吐き出すため、「破裂音」ともいいます）と区別するため、このように表記しています。

▶基本音

イェ [ɪ]

hit

（ヒット、打つ）

 ヒェト

 「ヒェ～」と（する）をイメージして

▶ アルファベット i の基本音 [ɪ] は、「イ」と「エ」の中間の音です。「エ」の口の形で、「イ」と発音します。

英語の「あいうえお」をマスターしよう！ 第❶週

その他の英単語

単語	SKT表記	一般的な カタカナ表記
big （大きい）	**ビェ**グ	ビッグ
kick （蹴る）	**キェ**ク	キック
live （住んでいる）	ヌ**リェヴ**	リブ

解説

▶ iの発音の中では最も多い発音です。

▶ heat（**ヒー**ト、熱）と hit（**ヒェ**ト）の違いは、単なる音の長さの違いではなく、「**イー**」と、イとエの中間音である「**イェ**」という音との音質の違いを意識すると、英語らしい発音になります。

▶ y を伴う母音

CD 08

イ [j]（半母音）

yes

（はい）

SKT ィエス

「家康」をイメージして

発音のコツ

▶ まず、家康（イエヤス）を、抑揚を付けてゆっくり発音することから始め、徐々に速くしていきましょう。

英語の「あいうえお」をマスターしよう！ 第❶週

その他の英単語

単語	SKT 表記	一般的な カタカナ表記
yield （産出する）	ィ**イ**ーゥド	イールド
yen （日本円）	ィ**エ**ン㇇	エン
young （若い）	ィ**ア**ンㇸ	ヤング

解説

▶ y から始まる単語はあまり多くはありませんが、year（ィ**エ**ァ、年）のように ear（**イエ**ァ、耳）と間違えやすい語もあるので、発音の違いを意識してみてください。

今日の会話 ❷

CD 09

今日は、新しい留学生を集めてのオリエンテーションがあります。
しかし、マキはテーマである"ice breaking"の意味がわかりません。

Maki: Hi, Pete! Do you mind if I come in? ハイ ビート ドゥ ィユウ マインド イェヴ アィ カミェエンヌ	ハイ、ピート！ 入ってもいいかしら？
Peter: Not at all. ナア ダドーウ	どうぞ。
Maki: What are we going to do? ゥワ ター ゥウィ ゴウイェング タ ドゥ	今から何を するの？
Peter: We are going to do some ice ゥウィ ア ゴウイェング タ ドゥ スム アイス breaking activities. ブゥレイキング エアク**ティ**ヴァティズ	「アイスブレーキング」 だよ。
Maki: Ice breaking activities? What kind? アイス ブゥレイキング エアク**ティ**ヴァティズ ゥワト カインド	「アイスブレーキング」？ どんな？
Peter: We'll play some games to get to know each other. ゥウィウ プ^ヌレィ スム ゲイムズ タ ゲエト タ ノウ イーチュ アアザア	お互いを知るために ゲームをやるのさ。
Maki: Sounds interesting! サウンヅ イェンナゥレスティング	面白そうね！
Peter: I hope you like it. アィ ホウ ピュウ ヌライケト	気に入ると いいんだけど。

i、y を含む発音

activities, breaking, going, hi, I, ice, if, in, interesting, it, kind, like, mind

解説 ■ Do you mind...? は「…してもいいですか」の意味。Would you mind...? とも言う。■ Not at all. は、I do not mind at all.「まったく気にしませんよ」のこと。つまり、「ええ、どうぞ」という意味になる。■ be動詞 + going to... で、「…をしに行く、これから…をする」。We will do some ice breaking. に置き換えられなくもないが、be going to... のほうが、「予定していた」というニュアンスが強い。■ 疑問文ではなくても、語尾を上げて Ice breaking activities? と言うだけで相手に尋ねる文になる。■ get to know each other で「お互いに知り合う」という意味。

第❶週

【母音編】
英語の「あいうえお」をマスターしよう！

3日目

CD 10

uの発音

今日の練習内容

アルファベット読み「ィ**ユ**ウ」、基本音「**ア**」のほか、「**ウ**ウ」や「**ウォ**」の発音も、練習します。

▶ アルファベット読み

ィユウ [juː]

cue

（合図）

SKT キュウ

☞「9」をイメージして

発音のコツ

▶ 出だしの「**キュ**」は、喉の奥から息を出すようにして発音します。最後の「ウ」は、しっかり口をすぼめましょう。

☞同じ発音でも、queue というつづりだと「列、(列に) 並ぶ」という意味になります。これは、イギリスでよく使う単語です。

英語の「あいうえお」をマスターしよう！ 第❶週

その他の英単語

単語	SKT 表記	一般的な カタカナ表記
cute （かわいい）	**キュ**ウト	キュート
h**u**man （人間）	**ヒュ**ウマンヌ	ヒューマン
m**u**sic （音楽）	**ミュ**ウズィク	ミュージック

解説

▶ u は、アルファベット読みよりも、基本音「**ア**」や「**ウ**ウ」などと発音するほうが多いです。

質問コーナー

Q [ː] は、音を伸ばす記号だと教わりましたが、ここではなぜ「キュー」とせず、「**キュ**ウ」としているのですか。

A [juː] は、単に語尾を伸ばすのではなく、唇をすぼめて発音するので、このような表記にしました。40ページや64ページの [uː] という発音を「ウー」とせず、「**ウ**ウ」と表記したのもこのためです。

▶ 基本音

ア [ʌ]

uncle

（おじ）

SKT アンｸウ

👉 「鮟鱇(あんこう)」をイメージして

発音のコツ

▶ アンコウ鍋でおなじみの「あんこう」は、uncle の発音とほぼ同じです。

▶ 出だしの「ア」では、口を大きくは開けず、半開き程度にします。

英語の「あいうえお」をマスターしよう！ 第❶週

その他の英単語

単語	SKT表記	一般的な カタカナ表記
bu**t** (しかし)	**バ**ト	バット
mu**ch** (多くの)	**マ**チュ	マッチ
su**mm**e**r** (夏)	**スア**マァ	サマー

解説

▶ uの発音の中で、非常に多いのがこの発音です。後述の「あいまい母音」の発音と同じように口を半開きにして「**ア**」と発音します。

▶「ア」という発音は、口を開きやすいので、「but →**ブア**ト」、「much →**ム ア**チュ」というイメージで、出だしはあまり口を開かないように発音してみてください。summer は、最初の「スー」という音を意識するように、表記自体を「**スア**マァ」としました。

▶ その他の発音（1）

ウウ [uː]

clue
（手がかり）

SKT ク^{ヌ}ルウ

👉 「狂ぅ」をイメージして

発音のコツ

▶ 「ヌ」は、実際に発音するのではなく、舌先を歯ぐきの裏側に付けるというしるしです。

▶ 最後は、唇をしっかり丸めます。

その他の英単語

単語	SKT 表記	一般的な カタカナ表記
blue （青）	ブ^{ヌ}ルウ	ブルー
June （6月）	ヂュウン^{ヌ}	ジューン

英語の「あいうえお」をマスターしよう！ 第❶週

▶その他の発音（2）

ウォ [ʊ]

pull
（引く）

SKT プォウ

👉「(電)報」をイメージして

発音のコツ

▶「プウ」の間に少し「オ」が入る感じです。出だしの「プ」はpの音が強いので、勢いよく発音してみてください。

👉 uを短く「**ウォ**」と発音する単語は、あまり多くありませんが、book, cookなどのように、"oo"とつづり、「**ウォ**」と読む単語は多くあります。

その他の英単語

単語	SKT表記	一般的な カタカナ表記
push （押す）	プォシュ	プッシュ
cook （料理する）	クォク	クック

今日の会話❸

CD 13

マキは、留学してはじめて試験を受けましたが、どうも結果は思わしくなかったようです。

Peter: How did the test go? Any luck? ハウ ディ ヅァ テスト ゴウ エニィ ヌラアク	テストはどうだった？ うまくいった？
Maki: It was hard. Actually, I had no clue. イェト ウズ ハーアド エアクチュアヌリィ アイ ハド ノウ クヌルウ I guess that just means アイ ゲス ズェアト ヂュアスト ミーンズ I should study much harder. アイ シュド スタディ マチュ ハーアダァ	難しかったわ。 本当のところ、 さっぱりわからなかったわ。 もっと一所懸命勉強しなきゃってことね。
Peter: Don't beat yourself up about it. ドウント ビー チュアセウヴ アプ アバウ ティト You'll do better next time. ィユウウ ドゥ ベラァ ネクスト タイム	あんまり、くよくよしないで。 次は、もっとうまくいくよ。
Maki: I hope so. アイ ホウプ ソウ	そうだといいけど。

u を含む単語

about, actually, clue, guess, just, luck, much, should, study, up

解説 ■How did ... go? は、How was...? とも置き換えられる。「…はどうだった？」という意味。■Any luck? は、「うまくいった？」と言うときに使う。I don't have any luck. とすれば、「全然ついていない」という意味。■hard には、「硬い」以外に、「難しい」「一所懸命に」という意味もある。■Actually, ... は「実は…、本当は…」の意味。会話では、つなぎの表現としてよく使う。■Don't beat yourself up. とは、「自分を責めないで」という意味。■better のように、t が母音の間にはさまると、「**ベ**ラァ」のように、ラ行（またはダ行）の音に変化することがある。

第①週

【母音編】
英語の「あいうえお」をマスターしよう！

4日目

CD 14

eの発音

今日の練習内容

アルファベット読み「**イー**」、基本音「**エ**」のほか、
wやyを伴った場合の発音も練習します。

▶ アルファベット読み

イー [iː]

eat

(食べる)

SKT イート

👉 「イーッだ！」をイメージして

発音のコツ

▶ 子どもがけんかをして、「イーッ！」と言うときのように、口を横に広げて発音します。

英語の「あいうえお」をマスターしよう！ 第❶週

その他の英単語

単語	SKT表記	一般的な カタカナ表記
keep （守る、とっておく）	**キー**プ	キープ
leave （離れる）	ヌ**リー**ヴ	リーブ
heat （熱）	**ヒー**ト	ヒート

解説

▶ e を「**イー**」と発音するときは、あとに a や e のつづりが続くことがよくあります。

▶「**イー**」と発音するつづりのパターンは非常に多く、全部で 12 種類もあります。[例] Aesop, amoeba, machine, meat, meet, receive, people, key, believe, quay, complete（e...e, 後ろに e を伴う）, Egypt（単独の e）

▶ 基本音

エ [e]

pet

（ペット）

SKT ペエト

👉 「ペッ」と唾を吐くことをイメージして

発音のコツ

▶ 少し息をためてから、一気に発音します。

▶ 最後のtは、意識的に発音しようとせず、軽く舌をはじく程度でかまいません。

その他の英単語

単語	SKT表記	一般的な カタカナ表記
get（手に入れる）	ゲエト	ゲット
member（メンバー）	メエムバァ	メンバー
set（一式）	スエト	セット

解 説

▶「エ」は英語の中でとても発音しやすい音ですが、日本語の「エ」よりも少し口の開きが大きくなります。

▶「ペト」「ゲト」というよりも、しっかりと「エ」の音を意識するよう、ここでは「ペエト」「ゲエト」と「エ」の音を重ねて表記しています。

▶ e + w

ウウ／ィユウ [ju:]

CD 16

new
（新しい）

【読み方❶】 SKT **ヌウ**
👉「縫う」をイメージして

【読み方❷】 SKT **ニュウ**
👉「(牛)乳」をイメージして

発音のコツ

▶ 出だしは、しっかり舌先を歯ぐきの裏に付けてから発音します。

▶ 最後は、しっかり口をすぼめて発音しましょう。

👉 [ju:] の "j" がイタリック表記になっているのは、発音する場合と発音しない場合があることを示しています。

その他の英単語

単語	SKT 表記	一般的な カタカナ表記
news（ニュース）	**ニュウズ**	ニュース
stew（シチュー）	**ステュウ**	シチュー

英語の「あいうえお」をマスターしよう！ 第❶週

▶ e + y

イ [i]

money

（お金）

SKT マネィ

👉 「真似」をイメージして

発音のコツ

▶ n の音を意識して「ネィ」と発音すると、英語らしくなります。any も「**エ**ニィ」よりも「**エ**ネィ」のほうが自然です。

▶ "ey" の発音にはいくつかあり、eye（目）のように語頭に来ると「**ア**イ」、obey（従う、オ**ベ**イ）のように、語末でアクセントが付くと、「**エ**イ」と発音される傾向があります。

その他の英単語

単語	SKT 表記	一般的な カタカナ表記
monkey（猿）	マンキィ	モンキー
hockey（ホッケー）	ハキィ	ホッケー

今日の会話 ❹

CD 17

朝、マキは、食堂で Peter に会いましたが、どうも具合がよくないようです。

Maki:
I don't feel well today.
アィ ドゥント ヴィーウ ゥウェウ タデイ

今日は気分悪いわ。

Peter:
Have you been eating well?
ヘアヴ ィユウ ビェヌ イーティング ゥウェウ

きちんと食べてる?

Maki:
Not really. I've been busy.
ナァト ゥリーヌリィ アイヴ ビェヌ ビェズィ

いいえ、あんまり。忙しくて。

Peter:
You need to remember to keep healthy.
ィユウ ネイド タ ゥリメムバァ タ キープ ヘウスィ

健康に気をつけなきゃ。

Maki:
Well, I need to get ready for the next exam.
ゥウェウ アイ ネィード タ ゲト ゥレディ ヴァ ズア ネクスト イグゼアム

まあね。次の試験の準備をしないといけないし。

Peter:
I see. But you must eat well and sleep well.
アイ スィー バト ィユウ マスト イート ゥウェウ ァン スヌリープ ゥウェウ

そうか。でも、よく食べてよく寝なきゃ。

e を含む単語

been, exam, feel, get, healthy, keep, need, really, remember, see, well

解説 ■I feel/I don't feel... は、「…と感じる／感じない」という意味。ここでは、「あまりよく感じない」という意味から「気分が悪い」となる。 like ...ing を続けて、I don't feel like eating. とすれば、「食べる気がしない」。■not really は、no よりも、柔らかい否定となり、会話で比較的よく使う表現。■remember to... で「…するのを忘れない」という意味。■get ready for... で、「…の準備をする、…に備える」の意味となる。get は、文の中で、弱めの発音となるので、単独の発音のときのように「ゲェト」ではなく、「ゲト」とカナをふってある。■You must... は、You have to... にも置き換えることができるが、must のほうが、「…しなくてはだめだよ」というニュアンスが強い。「ぜひ…してほしい」という意味で使うこともある。

第❶週

【母音編】
英語の「あいうえお」をマスターしよう！

5日目

CD 18

oの発音

今日の練習内容

アルファベット読み「**オウ**」、基本音「ｧ**ア**」のほか、oのあとにwやyが来る場合の読み方「**ア**ウ」や「**オ**イ」も、あわせて練習します。

▶ アルファベット読み

オウ [oʊ]

home

（家）

🆂🅺🆃 **ホウ**ム

👉 「**法**務」をイメージして

発音のコツ

▶「**ホウ**」で唇を丸め、最後に「ム」と、軽く口を結んで止めます。

👉語頭のhは、常に直後の母音と同じ口の形で発音します。ほかのhで始まる単語でも確認してみてください。

その他の英単語

単語	SKT表記	一般的な カタカナ表記
bo**th** (両方とも)	ボウス	ボース
do**me** (ドーム)	ド**ウ**ム	ドーム
ro**pe** (ロープ)	ゥ**ロ**ウプ	ロープ

解説

▶「**オウ**」の発音は平坦ではなく、出だしの「**オ**」を強く、「ウ」は唇を丸めることを意識すると、メリハリのある英語らしい発音になります。

▶英語のネイティブの人たちは、東京（Tokyo）を、「トーキョー」ではなく、「**ト**ウキ**オウ**」と、京都（Kyoto）を「キョート」ではなく、「キ**オウ**ト**ウ**」と、メリハリのある発音をします。

▶ 基本音

ァア [ɑ]

hop
（軽く跳ぶ）

SKT ハアプ

👉 「発布」をイメージして

発音のコツ

▶ 日本語のアよりも口を大きく開け、「**ハア**」と、長め発音するのがコツです。

英語の「あいうえお」をマスターしよう！ 第❶週

その他の英単語

単語	SKT表記	一般的な カタカナ表記
cost （費用）	**カア**スト	コスト
shop （買い物をする）	**シュア**プ	ショップ
top （頂点）	**タア**プ	トップ

解説

▶ shop の出だし "sh" では、しっかり唇を丸めます。

▶ イギリス英語では、o の基本音を「(**オ**)**オ**」と発音するため、「hop →**ホオ**プ」「cost →**コオ**スト」「shop →**シュオ**プ」「top →**トオ**プ」と日本語に近い発音になります。

▶ 英語には日本語よりも母音の数が多いため、カナ表記にも工夫が必要となります。o の基本音は「**アア**」と、日本語の「ア」よりも口を大きく開けて発音するため、「ア」を重ねて表記しました。

▶ o + w

アウ [aʊ]

how

(どんな)

SKT ハウ

👉 「這う」をイメージして

発音のコツ

▶ 出だしを強く、「**ア**ウ」の口の形で発音します。(52ページ参照)

👉 ow のつづりは「**ア**ウ」と発音するほか、「**オ**ウ」と発音する場合もあります。頻出語としては、know(**ノ**ウ)、snow(ス**ノ**ウ)などがあります。

その他の英単語

単語	SKT 表記	一般的な カタカナ表記
now (今)	**ナ**ウ	ナウ
cow (牛)	**カ**ウ	カウ

英語の「あいうえお」をマスターしよう！ 第❶週

▶ o + y

オイ [ɔɪ]

toy
（おもちゃ）

SKT トオイ

👉 「遠い」をイメージして

発音のコツ

▶ 日本語化している単語なので、つい「ト・イ」、と短く単調に発音してしまいがちですが、「ト」と「イ」の間に「オ」を入れるつもりで発音します。日本語の「遠い」に似た発音です。出だしは力を入れます。

☞ 発音記号に忠実に SKT 表記をすると「**ト**イ」となりますが、ここでは、「**オ**イ」の発音をより意識するために、「オ」を間に入れています。

その他の英単語

単語	SKT 表記	一般的な カタカナ表記
boy（男の子）	ボオイ	ボーイ
en**j**oy（楽しむ）	インヂュオイ	エンジョイ

今日の会話❺

CD 21

マキが、教室の外を見て、Peterと話をしています。

Maki: It's cloudy again. It's been イェツ ク^ヌラウディ ァゲンヌ イェツ ビンヌ snowing on and off. スノウイェング オン ナン ドゥ゚	また、曇りだわ。 雪が降ったり やんだりね。
I'm worried about tomorrow's weather. アイム ゥウォ〜ゥリーダバウト タマア・ゥロウズ ゥウェズア	明日の天気が 心配だわ。
Peter: Do you have any plans? ドゥ ィユ ヘアヴ エネィ プ^ヌレアンズ	何か計画が あるの？
Maki: I'm hopping on a plane to visit アイム ハァピン ゴナァ プ^ヌレィン トゥ ヴィズィト my mom's friend. マィ マアムズ ヴゥレンド	飛行機に乗って 母のお友だちの ところに行くのよ。
Peter: Do you have someone to take you ドゥ ィユ ヘアヴ スアムゥワンヌ タ ティ キュゥ to the airport? トゥ ズィ エァポーアト	誰か空港まで 連れて行って くれるの？
Maki: My friend will drop me off on her マィ ゥウレンド ゥィウ チュロプ ミ アゥ゚ アンナ way back home. ゥウェィ ベアク ホウム	友だちが彼女の家に 帰る途中に 降ろしてくれるの。
Peter: Good. Enjoy your holiday. グォド インチュオィ ィユア ハアヌラデイ	よかった。 楽しい休暇を。

o を含む単語

about, cloud, do, drop, enjoy, good, holiday, hop, mom, off, on, snow, someone, to, tomorrow, worried, you

解説 ■on and off は、「断続的に」の意味。■I'm worried about... で、「…が心配だ」。■have a plan で、「予定がある」。■hop on... で、「…に飛び乗る」という意味。「急いで」というニュアンスのほか、ここでは、「授業が終わって、晴れて休みに向かう」というニュアンスが込められている。■drop ... off で、「…を車で送る」という意味。■on her way (to)... は、「彼女が…へ行く途中に」。

第①週
【母音編】
英語の「あいうえお」をマスターしよう！

6日目

CD 22

その他の母音の発音❶

あいまい母音
母音文字の組み合わせ

今日の練習内容

今日は、あいまい母音のほか、2字以上の母音文字が組み合わさった場合の発音を、読み方が同じグループごとに練習します。

▶ あいまい母音

ア [ə]

CD 23

woman

（女性）

SKT ゥ**ウォ**マンヌ

👉 「魚万」をイメージして

発音のコツ

▶ はじめの w は、唇をしっかり丸めて発音します。出だしに力を入れると全体的にメリハリのある発音になります。woman の a は弱音なので、あまり口を開かず、弱く「ム」と言うくらいのつもりで発音します。

👉 あいまい母音が直前の子音と組み合わさっている場合は、大文字で表記しています。

英語の「あいうえお」をマスターしよう！ 第❶週

その他の英単語

母音文字	単語	SKT 表記	一般的なカタカナ表記
a	**Asi**a（アジア）	エイジュァ	アジア
i	hol**i**day（休日）	ハアヌラデイ	ホリデー
u	s**u**pport（支える）	サポーァト	サポート
e	basem**e**nt（地下）	ベイスマント	ベイスメント
o	bac**o**n（ベーコン）	ベイカンヌ	ベーコン

解 説

▶ あまり口を開けず、あいまいな発音をするので、「あいまい母音」と呼ばれています。実は、母音の発音の中で一番多い発音です。a、i、u、e、o のいずれのつづりでも、この発音になることがあります。

☞ アメリカ英語では、アクセントの付かない母音の多くは、このあいまい母音になります。

▶ ai、ei、ea など

エイ [eɪ]

eight
(8)

SKT エイト

発音のコツ 👉 「エイッ！」と（言うの）をイメージして

▶「エィッ！」と気合いを入れるように、メリハリをつけて発音しましょう。

▶ 最後の「ト」は、構えだけで、ほとんど発音しないこともあります。

👉 a のアルファベット読みと同じ発音です。

その他の英単語

単語	SKT 表記	一般的な カタカナ表記
aim （目的）	エイム	エイム
weight （重さ）	ゥウエイト	ウェイト
great （偉大な）	グゥレイト	グレート

英語の「あいうえお」をマスターしよう！ **第❶週**

▶ ea、ee、ei、ie など

イー [iː]

east

（東）

SKT **イー**スト

発音の コツ 👉 「イースト（菌）」をイメージして

▶ 出だしの「**イー**」は、口を左右に開いて発音しましょう。

▶ 最後の「ト」は、構えだけで、ほとんど発音しないこともあります。

👉 e のアルファベット読みと同じ発音です。

その他の英単語

単語	SKT 表記	一般的な カタカナ表記
s**ee** （見る）	ス**ィー**	シー
rec**ei**ve （受けとる）	ゥリス**ィー**ヴ	レシーブ
p**ie**ce （一片）	ピース	ピース

▶ oo (1)

ウウ [uː]

zoo

(動物園)

SKT ズウ

👉 「ずーっ(と)」をイメージして

発音のコツ

▶ 唇を突き出して「ズー」の発音をしながら、徐々にすぼめていきましょう。

☞ 40ページのuの発音と同じです。"oo"はほとんど「**ウウ**」または「**ウォ**」と発音しますが、例外として、blood（**ブ**ˣ**ラ**ァド、血）などのように「**ァア**」と発音する場合があります。

その他の英単語

単語	**SKT** 表記	一般的な カタカナ表記
boom (急上昇)	ブウム	ブーム
soon (すぐに)	スウンˣ	スーン

英語の「あいうえお」をマスターしよう！ 第❶週

▶ oo (2)

CD 24

ウォ [ʊ]

cook

（料理する）

SKT **クォ**ｸ

☞ 「9 × 9」をイメージして

発音のコツ

▶「ウォ」の発音は、意識して唇を突き出しましょう。

最後の「ｸ」は、息だけの軽い発音です。

☞ 41ページのｕと同じ発音です。"oo"の発音では、語尾に何も付かなかったり、m、n、l などが続くと長く、k が続くと短く発音します。

その他の英単語

単語	**SKT** 表記	一般的な カタカナ表記
book （本）	**ブォ**ｸ	ブック
look （見る）	ﾇ**ルォ**ｸ	ルック

▶ oa

オウ [oʊ]

boat

(ボート、舟)

SKT ボウト

👉 「暴徒」をイメージして

発音のコツ

▶ 出だしの「ボ」に力を入れ、「**ボウ**」と一気に発音します。

👉 o のアルファベット読みと同じ発音です。

その他の英単語

単語	SKT 表記	一般的な カタカナ表記
coat (コート)	**コウ**ト	コート
throat (喉)	スゥ**ロウ**ト	スロート

英語の「あいうえお」をマスターしよう！ 第❶週

▶ oi

オイ [ɔɪ]

coin

（硬貨）

SKT コインヌ

👉 「子犬」をイメージして

発音のコツ

▶「コイ」は、「コーィ」と呼びかけるように発音します。

その他の英単語

単語	SKT 表記	一般的な カタカナ表記
oil （石油）	**オイウ**	オイル
voice （声）	**ヴォイス**	ボイス

その他の母音の発音 ❶

まとめ

今日は、あいまい母音のほか、a + i など、母音文字が重なる場合の発音を練習しました。

あらためて、下記に整理したので参考にしてください。

母音文字	読み方	例	
		単語	SKT 表記
ai	エイ	aim	エイム
ea	イー	east	イースト
	エイ	great	グゥレイト
ei	エイ	eight	エイト
	アイ	height	ハイト
	イー	receive	ゥリスィーヴ
ie	イー	piece	ピース
oa	オー	abroad	アブゥロード
	オウ	boat	ボウト
oo	ウー	zoo	ズウ
	ウォ	cook	クォク
oi	オイ	coin	コインヌ

第①週

【母音編】
英語の「あいうえお」をマスターしよう！

7日目

CD 25

その他の母音の発音❷

母音 + r

今日の練習内容

今日は、rを伴う母音の発音を練習します。
母音に続くrには、2種類の発音があり、それぞれの発音とつづりの関係を整理します。

r を伴う母音

r には、

❶ rice（ゥライス、お米）などの、語頭の r
❷ tree（チュイー、木）などの、子音とくっつく r
❸ car（カーァ、車）などの、母音に続く r

と3通りありますが、今日は3つ目の「母音に r が続くときの発音」を練習します。

母音に続く r の音を上手に発音するためには、たった2種類の舌の使い方をマスターするだけでいいのです。また、これらの発音は、つづりからある程度予測することができます。

舌の使い方（1）

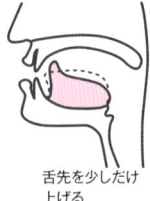

舌先を少しだけ上げる

直前の音を発音したあと、舌先を少しだけ持ち上げるだけの発音です。たとえば、car は、「カー」と発音しながら、舌先を少し持ち上げるだけで、r の音が出せます。
つづりとの関係で言えば、主に、①母音文字（a、i、u、e、o）が1文字だけならアクセントを伴う a に r が続く場合、② "our+r"、"oo+r"、"ee+r" のように母音文字が重なる場合に、多く、この舌の使い方をします。

舌の使い方（2）

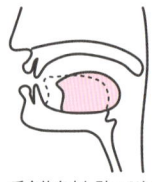

舌全体を少し引っこめる

舌先を持ち上げずに、そのまま舌全体を奥に引っ込めます。
"a+r" を除き、ほとんどの場合、母音文字1文字のあとに続く r が、この発音になります。
母音文字が重なる場合は、heard、earn、earth など、"ea+r" の一部が、例外的にこの舌の使い方をします。

英語の「あいうえお」をマスターしよう！ 第❶週

▶ ou ＋ r

アウァ [áuər]

hour

（時間）

SKT アウァ

👉「粟」をイメージして

発音のコツ

▶「**アウ**」は一気に発音します。「ウ」は唇を丸めて発音します。

👉 英語の単語でも、フランス語の影響を受けたものは、はじめのhを発音しません。hourのほか、honor（**ァア**ナァ、名誉）、honest（**ァア**ネスト、正直な）などがあります。

その他の英単語

単語	SKT表記	一般的なカタカナ表記
flour（小麦粉）	**ゥヌラウァ**	フラワー
sour（すっぱい）	**サウァ**	サワー

> ea + r、ee + r
>
> **イエア** [ɪər]

p**eer**

（地位が同じ人）

SKT ピエア

「<u>ピア</u>（ス）」をイメージして

発音のコツ

▶ 出だしに力を入れ、舌先を少し持ち上げます。

その他の英単語

単語	SKT 表記	一般的な カタカナ表記
d**ear** （親愛なる）	ディエア	ディア
b**eer** （ビール）	ビエア	ビール

英語の「あいうえお」をマスターしよう！ **第❶週**

▶ ou + r、oo + r

ウァ [ʊər]

tour

（旅）

SKT トウァ

👉 「東亜」をイメージして

発音のコツ

▶ 舌先を歯ぐきの裏側にしっかりと付け、少し息をためてから発音します。「ト」と「ウ」を一緒に発音するようなイメージで、はじめから「ウ」の口の形をすると、英語らしい発音になります。

👉 "oo" の読み方には、一定の規則があります（64～65ページ参照）が、後ろに r が付くと、下の poor のような読み方になります。

その他の英単語

単語	SKT 表記	一般的な カタカナ表記
poor（貧しい）	プァ	プア
your（あなたの）	イユァ	ユア

> ai + r、ea + r
>
> # エァ [eər]

bear

（熊、〜を負う）

SKT ベァ

👉 「(相撲)**部屋**」をイメージして

発音のコツ

▶ 「**ベ**」に少し力を入れて発音し、最後は、舌先を少しだけ持ち上げます。

その他の英単語

単語	SKT 表記	一般的な カタカナ表記
air (空気)	エァ	エア
pear (梨)	ペァ	ペア

英語の「あいうえお」をマスターしよう！ **第❶週**

▶ ou + r、oo + r

オーア [ɔːr]

p**our**

(注ぐ)

SKT ポーア

☞「(電)報」をイメージして

発音のコツ

▶「**ポ**」に力を入れて発音し、最後は、舌先を少しだけ持ち上げます。

その他の英単語

単語	SKT 表記	一般的な カタカナ表記
court (裁判所)	コーアト	コート
d**oor** (ドア)	ドーア	ドア

7日目 その他の母音の発音 ❷

▶ 母音文字 1 字 ＋ r

ア〜 [əːr]

"a+r"の発音を除き、母音文字1字とrがつながる場合はほとんど、口をあまり開けず舌全体を引っ込めて発音します。SKTでは、こうした発音を、便宜上、「**ア〜**」と表記しています。

☞ ここでの説明は、アメリカ英語をベースにしています。イギリス英語ではあいまい母音と同じ口の形で、舌を引っ込めずに発音します。

該当する英単語

母音文字	単語	SKT表記	一般的なカタカナ表記
i	bird（鳥）	バ〜ド	バード
u	turn（回る）	タ〜ンヌ	ターン
e	term（期間）	タ〜ム	ターム
o	word（言葉）	ワ〜ド	ワード

英語の「あいうえお」をマスターしよう！ 第❶週

▶ 例外の発音：ea + r

ア〜 [əːr]

heard

（聞いた）

SKT ハ〜ド

発音のコツ

▶ あいまい母音と同じ口の形のまま、舌全体を引っ込めるような感じで、「ハ〜」と発音します。

☞ "ea + r" にはいろいろな読み方があり、「イァ」「ァ〜」のほかに、car と同じ読み方をする heart の「**ハ**ァト」などがあります。

☞ 母音文字2字に r がつながる発音で、同じような舌の使い方をする発音は、多くありません。

その他の英単語

単語	SKT 表記	一般的な カタカナ表記
earn （得る）	ァ〜ンヌ	アーン
learn （学ぶ）	ヌ**ラ**〜ンヌ	ラーン

まとめ

今日はrを伴う母音の発音を練習しました。

2つの母音文字が続いたあとにrが続く単語は、ほとんどの場合、舌先を少しだけ持ち上げて発音します。あらためて下記に整理してみたので参考にしてください。

母音文字＋r	読み方	例 単語	SKT表記
air	**エ**ァ	air	**エ**ァ
ear	**アー**ァ	heart	**ハー**アト
ear	**イエ**ァ	dear	**ディエ**ァ
ear	**エ**ァ	bear	**ベ**ァ
ear	例外の発音：**ア〜**	heard	**ハ〜**ド
eer	**イエ**ァ	peer	**ピエ**ァ
our	**アウ**ァ	our	**アウ**ァ
our	**ウ**ァ	tour	**トウ**ァ
our	**オー**ァ	pour	**ポー**ァ
oor	**ウ**ァ	poor	**プ**ァ
oor	**オー**ァ	door	**ドー**ァ

●母音文字1字のあとに、rが続く場合

"ar"の発音以外は、上記のheardと同じ発音になります。"ar"は、「ア」の発音のあと、舌先を少し持ち上げるだけで、英語らしい発音になります。

英語の「あいうえお」をマスターしよう！ 第❶週

母音の発音 20音

1週間、お疲れさまでした。ここまでの内容で、母音の発音はすべてマスターできたはずです。下の図に簡単に整理したので、確認してみてください。

「い」の仲間
イ (ー) [i(ː)]
イェ [ɪ]

あいまい母音の仲間
ア [ə]
ア〜 [əːr]

「う」の仲間
ウ (ウ) [u(ː)]
ウォ [ʊ]

「え」の仲間
エ [e]

「お」の仲間
オー [ɔː]

「あ」の仲間
エア [æ]、アア* [ɑ]、アーア [ɑːr]、ア [ʌ]

二重母音（母音が重なる発音）**
アイ [aɪ]、アウ [aʊ]、
エイ [eɪ]、オイ [ɔɪ]、オウ [oʊ]、
イァ [ɪər]、ウァ [ʊər]、エァ [eər]

＊イギリス英語の場合は、(ォ)オ [ɔ] になります。
＊＊母音文字が重なる場合ではなく、2つの母音が結合し、1番目の母音が2番目の母音よりも強く、はっきりと発音されるまとまりのことです。

英語を上手に発音するための
ワンポイント・アドバイス

❶強弱を意識して発音しましょう。

　英語の発音は、平坦ではなく、強弱を付けて発音します。SKT表記では、カタカナの太さと大きさの違いで強弱を表していますが、一つの単語の中でも、どこにアクセントがあるかを意識して発音してみましょう。たとえば、日本語にもなっている「アイス」（氷）は、「ア」を強く発音するだけで、かなり英語らしくなります。

❷アクセントのあるところは長めに発音しましょう。

　英語の母音の発音では、アクセントのあるところは、長く発音し、アクセントがなく、ごく弱く発音するところは、短く発音する傾向があります。前述のtoy（おもちゃ）は「トイ」よりも「トオイ」と母音oを長めに発音したほうが英語らしくなるのもこのためです。

第❷週
子音編

**紛らわしい発音を
マスターしよう！**

第 2 週で練習すること

学習の目的 ▶ ▶ ▶

第 2 週では、7 日間で子音すべての練習をします。練習する中で、日本人が苦手とする発音、区別したい発音の克服を目指します。

解 説

英語の子音には 24 種類があります。母音の発音と異なり、舌や唇などの発音器官を接触させたり、摩擦させたりして発音するのが特徴です。種類としては、「ム (m)、プ (p)、ブ (b) などのように唇を使う音」、「ヌ (n)、ト (t)、ド (d) などのように舌先を使う音」、「ンク゛(ng)、ク (k)、グ (g) などのように奥舌を使う音」などがあります。

子音の発音が大切なのは、似た発音でもきちんと区別をしないと、意味が変わってしまったり、通じなかったりといったことがよくあるからです。たとえば、rice と lice は、日本語で仮名をふるとどちらも「ライス」となりますが、rice は「コメ」、lice は「シラミ」と意味が大きく異なります。これらの発音は、どうしたらきちんと区別できるのでしょうか。

ヒントは、出だしの口の形にあります。rice を発音するとき、ウを発音するときのように、唇を丸め、突き出してから「ライス」と発音してみてください。上手に r の発音ができているはずです。これは舌を引っ込めて発音するよりも、逆に唇を丸めて突き出すと、自然に舌が後ろに下がり、r の音が出しやすいからです。そこで、SKT 表記では、r の発音の前に小さく細字で「ゥ」をつけ、「ゥ**ライス**」としました。

では、lice の場合はどうでしょう。まず、舌先を上の歯ぐきの裏側にしっかりと付け、この状態から、「**ライス**」と発音すると、上手に l の音が発音できるはずです。この舌先の位置はナ行を発音するときと同じです。SKT 表記では、l の発音の前に小さく上付きの「ヌ」を付けて「ᴺ**ライス**」としました。ナ行を発音するとき、舌先が歯ぐきの裏側に付かない人は、しっかりと舌先を歯ぐきの裏側に付けることを意識して発音してみてください。

　第 2 週では、はじめの 5 日間 (8 日目〜 12 日目) は、b と v、s と th の違いなど、一般的に区別しにくいとされる発音や紛らわしい発音を、発音の特徴ごとに分類し、似た発音同士を対比させることで、その区別を練習していきます。13 日目は、唇を丸める発音をまとめて練習します。ここまでの練習で、子音 24 音については、すべてマスターできるはずです。さらに、14 日目には、英語の特徴でもある、子音同士がくっ付く発音を練習します。dr や tr などは、一般に発音が難しいと言われますが、「**スカイツリー**」を「**スカイチュイー**」と発音すると、英語らしく聞こえます。ハロウィーンでよく使われる言葉、"Trick or treat!"（お菓子をくれないといたずらするぞ！）も、「トリック　オア　トリート」では、なかなか通じず、感じも出ませんが、「**チュイッカ　チュイート**」と言えば、確実に通じます。14 日目は、このように、子音連結の中でも、r や l と結合する子音の発音に集中して練習します。

今週、練習する内容を下記にまとめました。
2週目の内容は3週間の中で一番大変ですが、週の終わりには、英語の母音・子音すべての発音が身に付いているはずです。最後まで頑張ってください。

今週の練習内容

日	練習内容
8日目	rとlの区別
9日目	bとvの区別／pとhとfの区別
10日目	z/sとthの区別
11日目	dとtの区別／単数形と複数形の区別
12日目	口の奥のほうから出す音／鼻から出す音
13日目	唇を丸めて出す発音
14日目	子音の連結（子音＋r、子音＋l）

第❷週

【子音編】
紛らわしい発音をマスターしよう！

8日目

CD 28

r と l の区別

今日の練習内容

今日は、日本人が不得意とする、r と l の発音を練習します。ここでは、r に近い w（ゥ**ウ**）、l に近い n（ヌ・ン^ヌ）の発音も練習します。

▶ w で始まる語、r で始まる語

ゥウ [w]、ゥル [r]

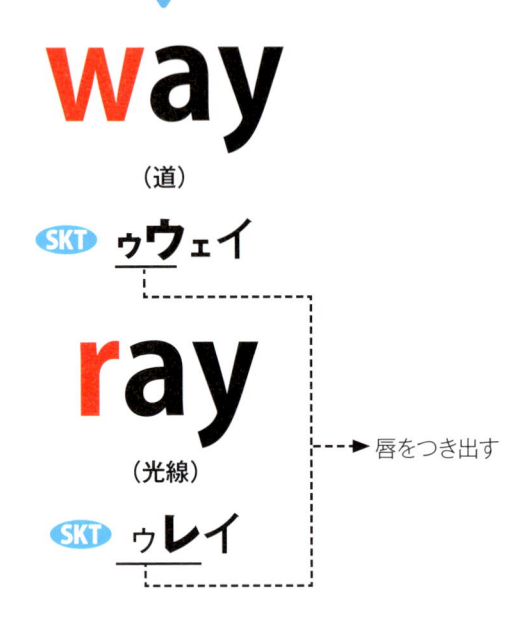

way
(道)

SKT ゥウェイ

ray
(光線)

SKT ゥレイ

→ 唇をつき出す

発音のコツ

▶ way は、「ウ〜」と唸るように唇を前に突き出してから発音しましょう。

▶ ray は、way の出だしと同じ口の形をしてから、そのまま一気に発音しましょう。小さい「ゥ」は、出だしの口の形を表しています。

☞ 唇を突き出すと、自然に舌が後ろに下がるため、r の音を出しやすくなります。本書で、r から始まる単語のはじめに、すべて小さい「ゥ」がふってあるのはこのためです。 実際に「ウ」と発音するわけではありません。

紛らわしい発音をマスターしよう！ **第❷週**

▶ n で始まる語、l で始まる語

ヌ [n]、ヌル [l]

net
（ネット）
SKT ネエト

let
（〜させる）
SKT ヌレエト

→ 舌先を歯ぐきの裏に付ける

発音のコツ

▶ n と l の発音の仕方は、本質的には同じです。いずれも、舌先を歯ぐきの裏にしっかりと付けてから発音しましょう。let にふられている小さい「ヌ」は、口の構えを示すもので、実際には発音するわけではありません。

☞ 舌先をしっかり歯ぐきの裏側に付けてから、n の発音「ナ、ネィ、ンヌ、ネ、ノ」と、l の発音「ヌラ、ヌリ、ヌル、ヌレ、ヌロ」をしてみると感覚がつかみやすくなります。

▶ r と l の区別（r の発音）

ウル [r]

right

（右、正しい）

SKT ｳ**ライ**ﾄ

↑
ココに注目

発音のコツ

▶ はじめに、「ウ」と言うときのようにしっかりと唇を丸めます。そのままの状態で、出だしの「ラ」に力を入れ、一気に発音します。

▶ 最後の「ト」は、舌先を軽くはじく程度で十分です。

その他の英単語

単語	SKT 表記	一般的な カタカナ表記
rock （岩）	ｳ**ロ**アｸ	ロック
correct （正しい）	カｩ**レ**ｸﾄ	コレクト

紛らわしい発音をマスターしよう！ 第❷週

CD 30

▶ r と l の区別（l の発音）

ヌ**ル** [l]

light
（光、軽い）

SKT ヌ**ライ**ト

ココに注目

発音のコツ

▶ 出だしの口の形の違いで、r と l の発音をきれいに区別できます。l の出だしでは、舌先を歯ぐきの裏にしっかりと付けます。

▶ 最後の「ト」は、right と同様、舌先を軽くはじく程度です。

その他の英単語

単語	SKT 表記	一般的な カタカナ表記
lock （錠）	ヌ**ロ**アク	ロック
co**ll**ect （集める）	カヌ**レ**クト	コレクト

▶語末の l

ウ [l]

mile

（マイル）

SKT マイウ

ココに注目

発音の コツ

▶ 語末の l では、口をすぼめます。直前の口の形より、口を少しだけすぼめれば十分です。

☞ 語末の l は発音記号で表記すると、前ページの l と同じですが、音声的には異なるため、音声学上はこれを区別して、"Dark L（暗い L）"と呼びます。カタカナでの発音表記の利点の一つに、発音記号では区別できない発音を、区別できる点があげられます。

紛らわしい発音をマスターしよう！ 第❷週

他の英単語

単語	SKT表記	一般的な カタカナ表記
ball (ボール)	ボーウ	ボール
heel (かかと)	ヒーウ	ヒール
table (テーブル)	テイブウ	テーブル

解説

▶ 語末のlを発音するときは、舌先を歯ぐきの裏に付けることを意識する必要はありません。「ウ」または「オ」と言うときのように口をすぼめるだけで、英語らしく聞こえます。

▶ 語末のlは、-l だけなく、-ll, -le などのようにつづられる場合もあります。

▶ 語中のlでも、"Dark L" で発音する場合があります。

単語	SKT表記	一般的な カタカナ表記
almost (ほとんど)	オーウモウスト	オーモスト
old (古い)	オウウド	オールド
milk (牛乳)	メウク	ミルク

今日の会話❻

CD 31

Kenと Ann は、職場の同僚です。2人で何か相談しているようです。

Ken: What do you feel like eating today? ゥワト ドゥ ィユ **ヴィ**ーゥ ヌライク **イ**ーティング **タ**デイ	今日は何を 食べたい？
Ann: What about Russian? We went there last week. ゥワ ダバゥト ゥ**ラシュア**ンヌ ゥ**ウィ** ゥ**ウェ**ン **ネ**ア ヌ**レ**アス ゥ**ウィ**ーク	ロシア料理は どう？ 先週そこへ 行ったのよ。
It was really nice. **イ**ェト ウズ ゥ**リ**ーヌリィ **ナ**イス	すごくおいしかったわ。
Ken: Where is it? ゥ**ウェ**ア **イェ**ズィト	どこにあるの？
Ann: It's just around the corner. **イェ**ツ **ヂュア**スト ア・ゥ**ラウ**ン ナ **コー**アナァ	角を曲がって すぐよ。
Ken: Do we need to have a reservation? ドゥ ゥ**ウィ** **ネー**イード タ **ヘ**アヴ ァ ゥ**リ**ザァ**ヴェ**イシュンヌ	予約が必要かな？
Ann: I don't think so. **ア**イ **ド**ゥント ス**イ**ェンク **ソ**ゥ	必要ないと思うわ。
They should have a table available. ズ**エ**イ **シュ**ド **ヘ**アヴ ァ **テ**イブゥ ァ**ヴェ**イヌラブゥ	席は空いてるはずよ。
Ken: All right. Let's go now. **ア**ーゥ ゥ**ラ**イト ヌ**レ**ェツ **ゴ**ゥ **ナ**ゥ	オーケー。 それじゃ行こう。

r、l、w、nを含む単語

all, around, available, corner, feel, last, let's, like, need, nice, now, really, reservation, right, Russian, table, week, went, what

解説 ■What do you feel like...? で、「…についてどうしたい？」という意味。How do you feel like...? とも言うが、具体的な内容を聞きたいときには、how より what のほうが適している。■ just around the corner は、「そこの角周辺」から、「すぐそこ」という意味。■ to have a reservation のほか、to book と言うこともできる。■ available は、「手に入る、空いている」。Is he available? は、「彼は時間ありますか」という意味になる。

第❷週

【子音編】
紛らわしい発音をマスターしよう！

9日目

CD 32

bとvの区別
pとhとfの区別

今日の練習内容

息をためてから破裂させる音を練習します。
b（ブ）とp（プ）、上の歯と下唇を摩擦させるv（ヴ）とf（ヴ）の発音を練習します。
「ヴ」の無声音［f］は、日本語の表記にはないため、本書では、「ヴ」と表記しています。

▶ bとpの区別

ブ [b]、プ [p]

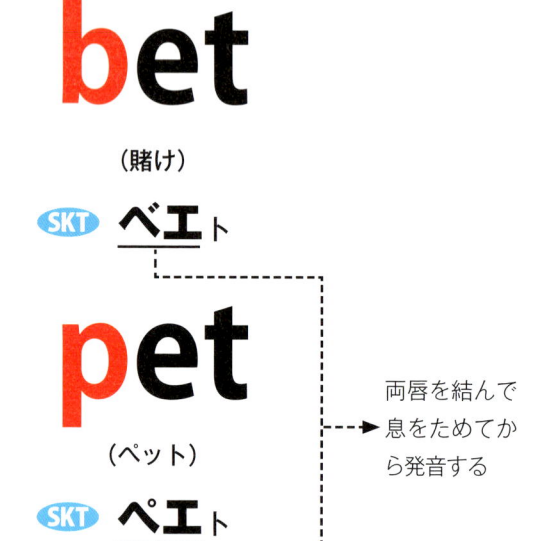

bet
(賭け)

SKT ベエト

pet
(ペット)

SKT ペエト

両唇を結んで息をためてから発音する

発音のコツ

▶「ベット」「ペット」と単調にならないようにしましょう。

▶ bよりもpのほうが、より息をためて勢いよく発音します。

▶ 終わりの「ト」は、弱く息だけでする発音（無声音）なので、はっきりとは聞こえません。

☞ bやpが語末に来るときは、はっきりと聞こえません。

紛らわしい発音をマスターしよう！ 第❷週

▶ v と f の区別

ヴ [v]、 プ [f]

vase
（花瓶）
🆂🅺🆃 **ヴェ**イス

face
（顔）
🆂🅺🆃 **プェ**イス

→ 下唇と上の歯で摩擦させる

発音のコツ

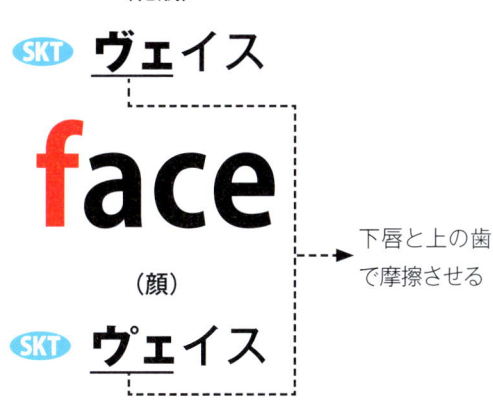

▶「ヴ」の発音は、上の歯に下唇を添える感じで声を出すので、日本語の「ブ」よりも、幅のある震えた音になります。力を入れすぎないのがコツです。

▶「ヴ」の無声音が「プ」です。声を出さず、息だけで発音します。

▶ b と v の区別（b の発音）

ブ [b]

best

（最上の）

SKT ベスト

ココに注目

発音のコツ

▶ b は両唇を結び、少し息をためてから発音します。

その他の英単語

単語	SKT 表記	一般的な カタカナ表記
ban （禁止）	ベアンヌ	バン
boat （ボート、舟）	ボウト	ボート

紛らわしい発音をマスターしよう！ 第❷週

▶ b と v の区別（v の発音）

ヴ [v]

vest

（チョッキ）

SKT <u>ヴェ</u>スト

ココに注目

発音のコツ

▶ v では、b のように破裂するのではなく、上の歯と下唇を摩擦させる感じを意識します。

その他の英単語

単語	SKT 表記	一般的な カタカナ表記
van（小型トラック）	ヴェアンヌ	バン
vote（投票する）	ヴォウト	ボート

▶ pとhとfの区別
（pの発音）

プ [p]

CD 34

pat （軽くたたく）
SKT ペアト

← ココに注目

発音のコツ ▶ 両唇を結んで、息をためてから発音します。続く母音「ェア」は、口を左右に開いて発音します。

その他の英単語

単語	SKT 表記	一般的なカタカナ表記
pen（ペン）	ペンヌ	ペン

▶ pとhとfの区別
（hの発音）

フ [h]

CD 34

hat （帽子）
SKT ヘアト

← ココに注目

発音のコツ ▶ 出だしでは、息を「ハア〜」と吐くようにします。続く母音は「ェア」なので、口を左右に開いておいてから息を吐き出します。

その他の英単語

単語	SKT 表記	一般的なカタカナ表記
hen（めんどり）	ヘンヌ	ヘン

紛らわしい発音をマスターしよう！ 第❷週

▶ p と h と f の区別（f の発音）

CD 34

ウ [f]

fat

（太っている）

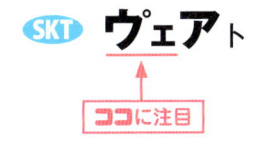

SKT **ウェア**ト

ココに注目

発音のコツ

▶ 出だしの f は、「ヴ」の無声音です。上の歯と下唇を摩擦させて音を出します。

その他の英単語

単語	SKT 表記	一般的な カタカナ表記
fence （フェンス）	ウェンス	フェンス

今日の会話❼

CD 35

Ann と Ken の昼食時の会話です。Ann は、最近の会社の人事について、どうも納得がいかないようです。

Ann: Can you believe Bob got picked from all the candidates? ケア ニュウ ブヌリーヴ バアプ ガト ピェクト ヴム アーウ ズア ケアンディデイツ	ボブが全候補者の中から選ばれたんですって、信じられる?
Ken: Yes. He is the best. Don't you think so? ィエス ヒー イェズ ズア ベエスト ドウン チュ スイエンク ソウ	そうだよ。 彼が最適さ。 そう思わない?
Ann: I believe he is qualified but just does not fit the position as a leader. アイ ブヌリーヴ ヒ イェズ クゥアヌリファイド バト ヂュアス ダズ ナアトヴィエ ズア バズィエシュン ナズ ァ ヌリーダァ	彼は資質はあると思うけれど、リーダーとしては適任じゃないと思うわ。
Ken: You did not vote for him? ィユウ ディド ナアト ヴォウト ヴァ ヒェム	彼に投票しなかったの?
Ann: No. He is sometimes a bit unfocused. ノウ ヒ イェズ スアムタイムズ ァ ビェト アンヴォウカスト	いいえ。彼はときどき何がやりたいのかわからないのよね。
Ken: That's possible but he has great potential. ズアツ バアサブウ バト ヒ ハズ グゥレイト パテンシュウ	それはそうだけど、彼は見込みがあるよ。

p、b、f、v を含む単語

believe, best, bit, Bob, but, fit, for, from, pick, position, possible, potential, vote

解説 ■ got picked で「選ばれた」という意味。... was elected/chosen/selected などと言うこともできる。■ be qualified で「能力的に適している、資格がある」という意味。■ fit the position で、「役割や地位にふさわしい」という意味。■ vote for... で、「…に賛成票を投じる」。人ではなく、vote for a bill (法案) などと、投票する内容に使うこともある。■ a bit... で「少し…」の意味。具体的な量を表すほか、会話で用いる形容詞の意味を和らげたいときなどにもよく使う。■ ここでの unfocused は、「方向性がなく、ひとつのことに集中しない」という意味。

第❷週

【子音編】
紛らわしい発音をマスターしよう！

10 日目

CD 36

z/s と th の区別

今日の練習内容

今日は、上下の歯のすき間から出す z/s（ズ、ス）、歯のすき間に舌先をはさむ th（ズ、ス）の発音の練習をします。z/s と th では、呼気の勢いが違います。ここでは、z/s と th の発音を「ズ」「ズ」「ス」「ス」と、文字の大小の違いで表記することで区別します。

▶ s/se/ce で終わる語、s で終わる語

ズ [z]、ス [s]

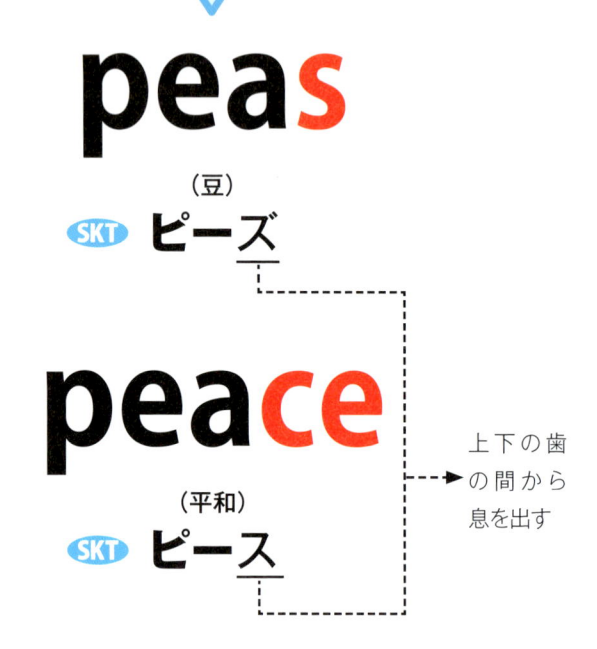

peas
(豆)
SKT ピーズ

peace
(平和)
SKT ピース

上下の歯の間から息を出す

発音のコツ

▶ p に続けて、「イー」と口を左右に開いて発音しましょう。

▶ 最後の「ズ」「ス」の音は、口を横に開いたまま、上下の歯を閉じ、そのすき間から、息を出すようにします。「ズ」は「ツ」のように詰まった音にならないようにしましょう。

☞ ほとんどの場合、c の後ろに e、i、y が続いたときには、「ス」と発音し、それ以外は、picnic（**ピェ**ｸネイｸ、ピクニック）のように「ｸ」や、Canada（**ケア**ナﾀ、カナダ）の「ク」（語頭の**ケア**は、子音の「ク」＋母音の「**ェア**」）の発音になります。

紛らわしい発音をマスターしよう！ 第❷週

▶ th (e) で終わる語

ズ [ð]、ス [θ]

teethe

（歯が生える）
SKT ティーズ

teeth

（歯[複数形]）
SKT ティース

上下の歯の間に舌先を入れる

発音のコツ

▶ 口を「イー」と思い切り左右に開いた状態のまま、舌先を上下の歯の間に入れます。

☞ よく「舌先をはさむように」と言われますが、こうすることで、呼気を和らげる効果があります。ただし、舌先を強く噛みすぎると、スムーズな発音ができないので、気をつけましょう。ネイティブの人の中には、舌先を歯の裏にあてるだけの人もいます。

z / s と t h の区別

▶ z と th の区別（z の発音）

ズ [z]

Zen

（禅宗）

SKT ズエンヌ

↑
ココに注目

発音のコツ

▶ 日本語式に「ゼ」ではなく、「ズ」の音をしっかり意識して発音しましょう。

▶ 最後の n では、舌先を歯ぐきの裏にしっかり付けます。

☞ s が有声音となるのは、複数形を表す s など、語末に来る場合がほとんどですが、z は常に有声音になります。

その他の英単語

単語	SKT 表記	一般的な カタカナ表記
breeze（そよ風）	ブゥリーズ	ブリーズ
zoo（動物園）	ズゥ	ズー

紛らわしい発音をマスターしよう！ 第❷週

▶ z と th の区別（th の発音）

ズ [ð]

then

（そのとき）

SKT ズ**エ**ンヌ

↑
ココに注目

発音のコツ

▶ 出だしの th は、左ページの場合と比べて、呼気の勢いが弱いので、日本語の「ゼ」と近い発音になります。

☞ th の「ズ」の発音は、this、that、them、they、than、these、those などよく出てきますが、in the のように、n に続くと th は鼻音化し、「インナ」のようになります。例：in the sky（インナ **スカ**ィ、空中に）、on the way（オンナ **ウウェ**ィ、途中で）など。

その他の英単語

単語	SKT 表記	一般的な カタカナ表記
breathe（息）	ブゥリーズ	ブリーズ
those（それら）	ズ**オ**ウズ	ゾーズ

▶ s と th の区別（s の発音）

ス [s]

sink

（沈む）

SKT スィエンク

ココに注目

発音のコツ

▶ 出だしの s は、日本語の「シ」とならないように注意しましょう。

その他の英単語

単語	SKT 表記	一般的な カタカナ表記
sick （病気で）	スィエク	シック
seem （〜のように見える）	スィーム	シーム

紛らわしい発音をマスターしよう！ **第❷週**

▶ s と th の区別（th の発音）

ス [θ]

think

（考える）

SKT ス**イ**ェンヶ

ココに注目

発音のコツ

▶ 出だしの発音は、左ページの発音よりも呼気の勢いが弱くなります。

その他の英単語

単語	SKT 表記	一般的な カタカナ表記
thick （厚い）	ス**イ**ェク	シック
theme （テーマ）	ス**イ**ーム	テーマ

今日の会話 ❽

CD 39

Kenは、休暇を取る予定にしていますが、本当に大丈夫かどうか、Annに確認に来ました。

Ken:
May I speak to you for a second?
メィ アィ ス**ピ**ーク タ ィユウ ヴァ ァ **セ**ェクンド

ちょっと話せる?

Ann:
Of course. Have a seat. Something wrong?
アヴ **コ**ーァス **ヘ**アヴ ァ ス**ィ**ート ス**ア**ムスィエング ゥ**ロ**ーング

もちろんよ。
座って。
どうしたの?

Ken:
I've been thinking of taking some time
アィヴ ビン ス**ィ**エンキェング アヴ **テ**ィキェング スム **タ**ィム
off next week. I'm planning to do some
アヴ **ネ**クスト ゥ**ィ**ーク アィム プ**ヌ**ラネィング タ ドゥ スム
sightseeing with my sisters.
サィトスィーイング ゥ**ィ**ズ マィ ス**ィ**スタァズ

来週ちょっと
休暇を取ろうかと
思うんだ。

妹たちと一緒に
観光をしようかと
考えてる。

Ann:
That sounds nice.
ズ**ェ**ァト **サ**ウンヅ **ナ**ィス

Is there anything you need from me?
ィェズ ズ**ェ**ア **エ**ネィスィエング ィユウ **ネ**ィード ヴム **ミ**

それはすてきね。

私に何かできる
ことがある
かしら?

Ken:
No, but will it cause you any problems?
ノゥ バト ゥ**ィ**ル リト **カ**ーズ ィユウ **エ**ネィ プ**ヌ**ラブヌラムズ

いや。でも、迷惑じゃ
ないかな?

Ann:
Don't worry about it.
ドゥント **ワ**〜ゥリィ ァ**バ**ゥ **テ**ィト
It can be a good breather for you.
イェト **カ**ンヌ **ビ**ァ **グ**ォド ブ**ゥ**リーザァ ヴァ ィ**ユ**ウ

心配しないで。

あなたにもいい
息抜きになる
わよ。

Ken:
Thanks.
ス**ェ**ァンクス

ありがとう。

s、z、th を含む単語

breather, is, seat, second, sightseeing, sister, some, something, sounds, speak, thanks, that, there, thinking

解説 ■May I...? は、「…してくれる?／…できる?」と、相手に許可を求める言い方。Can I...? に置き換えることもできる。 ■Something wrong? と語尾を少し上げると、相手に尋ねている感じが伝わる。 ■I've been thinking of... は、「…についてしばらく考えていたんだけれど」というニュアンス。 ■Is there anything you need from me? のほか、Can I help you with something? や What can I do for you? なども使える。 ■a good breather は、「いい息抜き」。

第❷週

【子音編】
紛らわしい発音をマスターしよう！

11 日目

CD 40

dとtの区別
単数形と複数形の区別

今日の練習内容

舌先を歯ぐきに押し付けるようにして発音するdとtの発音を練習します。ただし、dやtは、単語の中の位置などによって音が変わることがあります。また、sを伴うdsやtsの発音も比較します。

▶ dで始まる語、tで始まる語

ディ [d]、ティ [t]

CD 41

deem

（見なす）

SKT ディーム

team

（チーム）

SKT ティーム

→ 舌先を歯ぐきの裏に押しつける

発音のコツ

▶ 特に、tの場合は、息をためてから、勢いよく吐き出します。

☞ pの場合は、両唇を結んで息をためますが、tの場合は、舌先を歯ぐきの裏にしっかり付けることで息をためます。

紛らわしい発音をマスターしよう！ 第❷週

▶d で終わる語、t で終わる語

ド [d]、ト [t]

CD 41

mad

（怒っている）

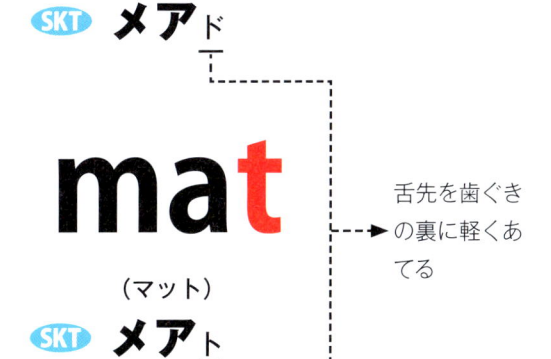

🆂🅺🆃 **メア**ド

mat

（マット）

🆂🅺🆃 **メア**ト

舌先を歯ぐきの裏に軽くあてる

発音のコツ

▶「**メア**」と大きく口を開いて発音します。語末の「ド」「ト」では、舌先を歯ぐきの裏に少しあてる程度です。

dとtの区別／単数形と複数形の区別

▶ ds と ts の区別（ds の発音）

ヅ [dz]

bea**ds**

（ビーズ［複数形］）

SKT ビーヅ

↑ ココに注目

発音のコツ

▶ ds で終わる語の発音は、舌先を歯ぐきの裏に付けて、息の通りをふさぐため、詰まった感じの音になります。

その他の英単語

単語	SKT 表記	一般的な カタカナ表記
bi**ds**（入札［複数形］）	ビェヅ	ビッズ
ki**ds**（子ども［複数形］）	キェヅ	キッズ

紛らわしい発音をマスターしよう！ 第❷週

▶ ds と ts の区別（ts の発音）

ツ [ts]

bea**ts**

（叩く［三人称単数現在］）

SKT ビーツ

ココに注目

発音のコツ

▶ ts で終わる語の発音は、「ヅ」の無声音で、発音の原理は同じです。舌先を歯ぐきの裏に付け、しっかり発音しましょう。

その他の英単語

単語	SKT 表記	一般的な カタカナ表記
bits （小片［複数形］）	ビェツ	ビット
kits （道具などの一式［複数形］）	キェツ	キッツ

▶ d と ds と s の区別（d の発音）

ド [d]

car**d**

（カード）

SKT **カー**ァド

↑
ココに注目

発音のコツ

▶ 出だしは強く、終わりは舌先を歯ぐきの裏に軽くあてる感じで発音します。

その他の英単語

単語	SKT 表記	一般的な カタカナ表記
see**d** （種）	**スィ**ード	シード

紛らわしい発音をマスターしよう！ 第❷週

▶ d と ds と s の区別
（ds の発音）　**ヅ** [dz]　CD 42

cards （カード［複数形］）
SKT **カーァヅ**

ココに注目

発音のコツ

▶ 終わりは舌先を歯ぐきの裏に付け、少し詰まった感じで発音します。

その他の英単語

単語	SKT 表記	一般的なカタカナ表記
seeds（種［複数形］）	スィーヅ	シーズ

▶ d と ds と s の区別
（s の発音）　**ズ** [z]　CD 42

cars （車［複数形］）
SKT **カーァズ**

ココに注目

発音のコツ

▶ 終わりは、歯を閉じ、上下の歯のすき間から息を摩擦させるように音を出します。

その他の英単語

単語	SKT 表記	一般的なカタカナ表記
sees（見る［三人称単数］）	スィーズ	シーズ

▶ ts/tes と t/te の区別（ts/tes の発音）

ツ [ts]

minutes

（分 [複数形]）

SKT メネェツ

ココに注目

発音のコツ

▶ 「ミニッツ」と発音しがちですが、n は「ニ」よりも「ネ」に近い音です。

▶ 「ツ」は無声音ですが、聞き取れるようにしっかりと発音します。

その他の英単語

単語	SKT 表記	一般的な カタカナ表記
hats （帽子 [複数形]）	ヘアツ	ハッツ
notes （メモ [複数形]）	ノウツ	ノーツ

紛らわしい発音をマスターしよう！ 第❷週

▶ ts/tes と t/te の区別（t/te の発音）

ト [t]

minu**te**

（分）

SKT メネエト

↑
ココに注目

発音のコツ

▶ 最後の「ト」は、舌先を歯ぐきの裏に軽くあてるだけで十分です。

☞ 同じつづりでも、「マイ**ニュ**ート」と発音すると、「詳細な」という意味になります。

その他の英単語

単語	SKT 表記	一般的な カタカナ表記
ha**t** （帽子）	ヘアト	ハット
no**te** （メモ）	ノウト	ノート

117

今日の会話❾

CD 43

Ken の新しいプロジェクトが始まって、約 2 か月になります。Ann は、Ken がうまくやっているかどうか、心配なようです。

Ann: When did you start on the new project? ゥウェンヌ ディヂュ スターァ トン ナ ニュウ プゥラヂュエクト	いつから新しいプロジェクトに取り組んでるの？
Ken: Let me see... It's been about two months. ヌレトゥ ミ スィー イェツ ビンナ バウ トゥー マンツ	ええと、だいたい2か月前だよ。
Ann: Do you enjoy working with the new team members? ドゥ ィユウ インヂュオイ ゥワ〜キェング ゥウィズ ズァ ニュウ ティーム メンバァズ	新しいメンバーと働くのは楽しい？
Ken: Yes, we have become good friends. ィエス ゥウィー ヘァヴ ビカム グォド ゥウレンヅ	うん、仲のいい友だちになったよ。
Ann: That's good. I am glad you are doing well. ズァッ グォド アイム グヌラ ヂュウ ァ ドゥイエング ゥウェウ	よかった。うまくいってるようでうれしいわ。
Ken: They have given me lots of notes on how to get better results. ズエイ ヘァヴ ギェヴン ミ ヌラァツ ァヴ ノウツ オン ハウ タ ゲエトゥ ベーラァ ゥリザゥツ	よりよい成果を得られるよう、みんないろいろ教えてくれるんだ。

t、d、ts、ds を含む単語

about, did, friends, get, glad, good, let, it's, lots, notes, project, results, start

解説 ■ Let me see... は、「ちょっと考えさせて」というニュアンス。会話で、少し考えてから答えるときなどに使われる。■期間を尋ねられて、It's been... と答えると、まだ、その期間が継続しているニュアンスが伝わる。■ enjoy ...ing で、「…するのを楽しむ」の意味。■ I am glad to... で、「…してうれしい」。「…」には、meet you や hear that など、いろいろな場面で多様に使われる。■ notes on how to get better results での note は、「アドバイス」の意味。

第❷週

【子音編】
紛らわしい発音をマスターしよう！

12 日目

CD 44

口の奥のほうから出す音
鼻から出す音

今日の練習内容

今日は、gやkなどの口の奥から出す音と、mやnなどの鼻から出す音を取り上げます。gやkなどは、単調に発音するのではなく、喉の奥のほうに力を入れて発音すると英語らしくなります。鼻から出す発音にはm（ム）、n（ヌ／ンヌ）、ng（ンｸﾞ）があり、このmやnの発音の区別、ngとgの区別などを練習します。

▶ g、k、c で始まる語

グ [g]、ク [k]

CD 45

gold
（金）
SKT **ゴ**ウゥド

cold
（冷たい）
SKT **コ**ウゥド

→ 口の奥のほうに力を入れる

発音のコツ

▶ 力を入れて応援するときなど、単調に「ゴーゴー！」と言うのではなく、「ゴゥ、ゴゥ！」と喉に力を入れて発音していませんか。ここでもその要領で発音します。

▶ 語末の「ド」では、舌先を歯ぐきの裏にあてます。

紛らわしい発音をマスターしよう！ 第❷週

CD 45

▶ g、k、c (k) で終わる語

グ [g]、ク[k]

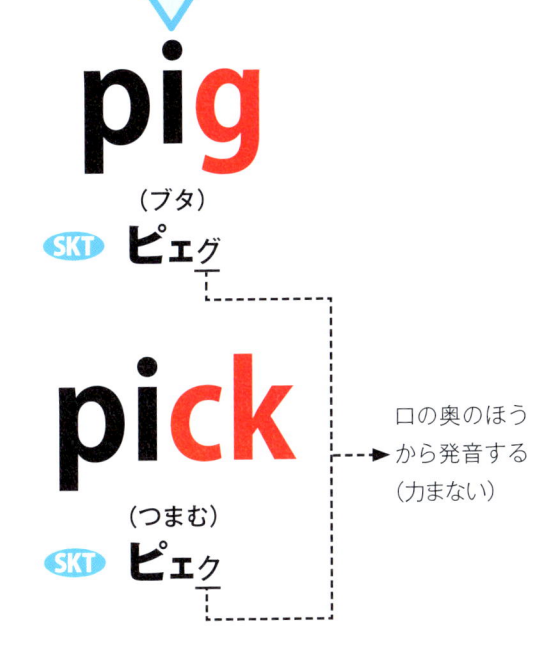

pig
（ブタ）
SKT ピェグ

pick
（つまむ）
SKT ピェク

口の奥のほうから発音する（力まない）

発音のコツ

▶ 左ページ同様、口の奥のほうから発音します。ただし、語末なので、力んで「グウ」「クウ」などと「ウ」の音が入らないようにしましょう。

▶ m、n で始まる語

ム [m]、ヌ [n]

mice

（ハツカネズミ［複数形］）
SKT マイス

nice

鼻から音を出す

（すばらしい）
SKT ナイス

発音のコツ

▶ m（ム）は、唇をしっかりと結んでから発音します。

▶ n（ナ）は、舌先を歯ぐきの裏にしっかりと付けてから発音します。

☞ n は、語頭に来るときはナ行に近い「ナ、ネィ、ヌ、ネ、ノ」の発音に、頭末に来るときは「ンヌ」の発音になります。

紛らわしい発音をマスターしよう！ 第❷週

CD 45

▶ n、ng で終わる語

ンヌ [n]、ング [ŋ]

run

（走る）
SKT ゥ**ラン**ヌ

running

→ 鼻から出す音

（ランニング）
SKT ゥ**ラ**ネイ**ン**グ

発音のコツ

▶ n で終わる単語は、舌先を歯ぐきの裏にしっかりと付けて発音します。

☞ "ni" や "ny/ney" は「ニ」よりも「ネィ」に近い発音です。tennis（テニス）、many（たくさんの）、picnic（ピクニック）も、それぞれ「**テ**ネィス」「**メ**ネィ」「**ピ**ェクネイク」と発音すると自然です。

▶ g と ng/ngue の区別（g の発音）

グ [g]

tag
（タグ、付け札）

SKT **テア**グ

ココに注目

発音の
コツ

▶ g は、口の奥のほうから声を出す要領で発音します。

その他の英単語

単語	SKT 表記	一般的な カタカナ表記
big （大きい）	**ビェ**グ	ビッグ
log （丸太）	ヌ**ラア**グ	ログ

紛らわしい発音をマスターしよう！ 第❷週

▶ g と ng/ngue の区別（ng/ngue の発音）

ング [ŋ]

tongue
（舌）

SKT **タ**ング

↑
ココに注目

発音のコツ

▶ 鼻から音を出すことを意識して発音します。

その他の英単語

単語	SKT 表記	一般的な カタカナ表記
being（存在）	ビーイェング	ビーイング
long（長い）	ヌ**ロー**ング	ロング

口の奥のほうから出す音／鼻から出す音

▶ n と m の区別（n の発音）

ンヌ [n]

CD 46

sun

（太陽）

SKT スアンヌ

ココに注目

発音のコツ

▶ 語末では、舌先を歯ぐきの裏にしっかりと付けます。

その他の英単語

単語	SKT 表記	一般的な カタカナ表記
cane （杖）	ケインヌ	ケーン
sane （正気の）	セインヌ	セイン

郵便はがき

150-8790

130

料金受取人払郵便
渋谷局承認
2968

差出有効期間
平成26年12月
31日まで
※切手を貼らずに
お出しください

〈受取人〉
東京都渋谷区
神宮前 6-12-17
株式会社 **ダイヤモンド社**
「愛読者係」行

フリガナ		生年月日			男・女
お名前		T S H	年齢 年 月	歳 日生	
ご勤務先学校名		所属・役職学部・学年			
ご住所	〒				
自宅・勤務先	●電話 (　　)　　●FAX (　　) ●eメール・アドレス				

◆本書をご購入いただきまして、誠にありがとうございます。
本ハガキで取得させていただきますお客様の個人情報は、
以下のガイドラインに基づいて、厳重に取り扱います。

1. お客様より収集させていただいた個人情報は、より良い出版物、製品、サービスをつくるために編集の参考にさせていただきます。
2. お客様より収集させていただいた個人情報は、厳重に管理いたします。
3. お客様より収集させていただいた個人情報は、お客様の承認を得た範囲を超えて使用いたしません。
4. お客様より収集させていただいた個人情報は、お客様の許可なく当社、当社関連会社以外の第三者に開示することはありません。
5. お客様から収集させていただいた情報を統計化した情報(購読者の平均年齢など)を第三者に開示することがあります。
6. お客様から収集させていただいた個人情報は、当社の新商品・サービス等のご案内に利用させていただきます。
7. メールによる情報、雑誌・書籍・サービスのご案内などは、お客様のご要請があればすみやかに中止いたします。

◆ダイヤモンド社より、弊社および関連会社・広告主からのご案内を送付することがあります。不要の場合は右の□に×をしてください。　不要 □

①本書をお買い上げいただいた理由は?
(新聞や雑誌で知って・タイトルにひかれて・著者や内容に興味がある　など)

②本書についての感想、ご意見などをお聞かせください
(よかったところ、悪かったところ・タイトル・著者・カバーデザイン・価格　など)

③本書のなかで一番よかったところ、心に残ったひと言など

④最近読んで、よかった本・雑誌・記事・HPなどを教えてください

⑤「こんな本があったら絶対に買う」というものがありましたら（解決したい悩みや、解消したい問題など）

⑥あなたのご意見・ご感想を、広告などの書籍のPRに使用してもよろしいですか?

| 1　実名で可 | 2　匿名で可 | 3　不可 |

※ご協力ありがとうございました。　　　　【日本語で覚えるネイティブの英語発音】024287●3750

紛らわしい発音をマスターしよう！ 第❷週

▶ nとmの区別（mの発音）

ム [m]

sum

（合計）

SKT スア<u>ム</u>

ココに注目

発音のコツ

▶ 語末は、両唇を閉じ、鼻から音を出します。

その他の英単語

単語	SKT 表記	一般的な カタカナ表記
came （来た）	ケイム	ケイム
same （同じ）	セイム	セイム

今日の会話❿

Ken が、急ぎの用事で Ann に頼みごとをしています。

Ken:
I'm running late.
アイム ウラネィング ヌレイト

遅れそうだ。

May I ask you a big favor?
メイ アイ エアス キュ ァ ビェグ ヴェィヴァ

ちょっとお願いがあるんだけど。

Ann:
What can I do for you?
ウワト ケナィ ドゥ ヴァ ィユウ

何なの?

Ken:
Can you pick up the copies from Greg
ケァ ニュウ ピェ カプ ズァ カーピィズ ヴム グゥレグ

and give them to Kaya by noon?
ェアン ギェヴ ズム タ カヤ バィ ヌウンヌ

グレッグのところでコピーを受け取って、それを正午までにカヤに渡してくれるかい?

Ann:
OK.
オウケイ

オーケー。

Ken:
Thank you. I need to get to the bank
スェアンキュウ アイ ネィード タ ゲエト タ ズア ベアンク

in 10 minutes. I won't be long.
ィェン テンヌ メネェツ アイ ゥウォン ビ ヌローング

ありがとう。
僕は 10 分以内に銀行へ行かないと。長くはかからないよ。

Ann:
Do you mind getting me a cup of coffee
ドゥ ィユウ マインド ゲティング ミ ァ カ プァヴ カーヴィ

on your way back?
オン ニュア ゥウェィ ベアク

帰りにコーヒーを買ってきてくれる?

Ken:
Sure. Thank you so much.
シュァ スェアンキュウ ソゥ マチュ

かまわないよ。
どうもありがとう。

k、g、m、n などを含む発音

ask, back, bank, big, can, coffee, cup, get, getting, give, Greg, I'm, long, Kaya, me, mind, much, need, noon, OK, on, pick, running, thank

解説 ■May I ask you a favor? は、人に何かを依頼するときの慣用句。■by noon は、「正午までに」。till/until も日本語の訳では「〜まで」となるが、by には締め切りなどの期限、つまり、「〜までいつでも」、until/till は、賞味期限のように、「〜までずっと」というニュアンスがある。■in 10 minutes は、「10 分以内に」という意味。■Do you mind ...ing? も、人にお願いごとをするときによく使われる。■Thank you so much. と強調するときは、much に力を入れて言う。

第❷週
【子音編】
紛らわしい発音をマスターしよう！

13 日目
CD 48

唇を丸めて出す音

今日の練習内容

英語の発音では、日本語よりも、唇を丸めたり、口を左右に引いたりと、唇をよく動かします。
ここでは、ch（チュ）、dge（デュ）、sh（シュ）など、唇を丸める発音を練習します。

▶dge、ch で終わる語

ヂュ [dʒ]、チュ [tʃ]

bridge
(橋)

SKT ブゥリェヂュ

breach
(違反)

SKT ブゥリーチュ

唇を突き出し、丸める

発音のコツ

▶「ヂュ」、「チュ」は、日本語よりもさらに唇を丸めて発音します。

▶舌先を歯ぐきの裏にしっかりと付けて詰まる感じの音を出すと、英語らしい発音になります。

紛らわしい発音をマスターしよう！ 第❷週

▶sh で終わる語

シュ [ʃ]

fish

（魚）

SKT ヴィェシュ

↑
唇を突き出し、丸める

発音のコツ

▶ はじめの「ヴ」を強めに発音します。続く i [ɪ] の音は、「イ」と「エ」の中間のような音です。

▶ sh は、日本語の「シュ」よりもさらに唇を丸めて発音します。

▶ sion と tion の区別（sion の発音）

ジュンヌ [ʒn]

occa**sion**

（場合）

SKT ァ**ケイ**ジュンヌ

ココに注目

発音のコツ

▶ "sion" は、「ジョン」ではなく、日本語の「順」に近い発音です。

☞ passion（**ペア**シュンヌ）のように、"sion" が無声化する場合もあります。

その他の英単語

単語	SKT 表記	一般的な カタカナ表記
decision （決定）	ディ**スィ**ジュンヌ	ディシジョン
vi**sion** （視覚）	**ヴィ**ジュンヌ	ビジョン

紛らわしい発音をマスターしよう！ 第❷週

▶ sion と tion の区別（tion の発音）

シュンヌ [ʃn]

station
（駅）

SKT ステイシュンヌ

↑
ココに注目

発音のコツ

▶ "tion" は "sion" の無声音です。「ションヌ」ではなく、「旬」のように発音しましょう。

その他の英単語

単語	SKT 表記	一般的な カタカナ表記
education（教育）	エヂュケイシュンヌ	エジュケーション
location（場所）	ヌロゥケイシュンヌ	ロケーション

唇を丸めて出す音

▶ sh と s の区別（sh の発音）

シュ [ʃ]

she

（彼女）

SKT シュイー

ココに注目

発音のコツ

▶ 出だしの「シュ」はしっかりと唇を丸め、そのあと、徐々に「イー」と口を左右に開いていきます。「シュ」と「イー」をそれぞれ独立させて、「シュ・イー」としないように注意しましょう。

その他の英単語

単語	SKT 表記	一般的な カタカナ表記
shake（振る）	シュエイク	シェイク
shame（恥）	シュエイム	シェイム

紛らわしい発音をマスターしよう！ 第❷週

▶ sh と s の区別（s の発音）

ス [s]

sea

（海）

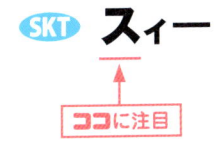

SKT スィー

↑
ココに注目

発音のコツ

▶「シー」とならないように、唇を左右に開いて発音しましょう。

☞ s から始まる単語でも、swim（ス**ゥウィ**ム、泳ぐ）、sweet（ス**ゥウィ**ート、甘い）など次に w が続く場合は、はじめから唇を丸めて発音します。

その他の英単語

単語	SKT 表記	一般的な カタカナ表記
sake（目的）	スエイク	セイク
same（同じ）	スエイム	セイム

今日の会話⓫

CD 51

Kenは、週末のチャリティーに向けての準備をしているようです。

Ken:
Can you teach me how to bake a cherry pie?
ケン ニュウ ティーチュ ミ ハウ タ ベイカ チュエゥリィ パアイ

→ 僕にチェリーパイの作り方を教えてくれない？

Ann:
Yes, but for what?
ィエス バト ヴァ ゥワァト

→ いいけど、何のために？

Ken:
There's the charity event at the church this weekend.
ズエア ズア チュエァゥティ イヴェントァト ズア チュア〜チュ ズイス ゥウィーケンド

Many children will join.
メネィ チュウチュアンヌ ゥィウ ヂュオィンヌ

→ この週末に教会でチャリティーイベントがあるんだ。たくさんの子どもたちが参加するんだよ。

Ann:
Is that the church across the bridge from the station?
ィェズゼア ズア チュア〜チュ ァ・クゥロス ズア ブゥリェヂュ ヴム ズア ステイシュンヌ

→ 駅から橋を渡ったところの教会で？

Ken:
Yes. Would you like to come?
ィエス ゥウ ヂュ ヌライク タ カム

→ 君も来るかい？

Ann:
Well, it sounds like a special occasion.
ゥウェウ ィエト サウンヅ ヌライク ァ スペシュウ ァケイジュンヌ

I wish I could if it is not an intrusion.
アィ ゥウェシュ アィ クォド ィエヴ イティェズ ナァタ ニェン チュゥルウジュンヌ

→ 特別な日みたいね。お邪魔でなければ参加したいわ。

sh、dge、ch、tion を含む単語

bridge, charity, cherry, children, church, intrusion, join, occasion, special, station, teach

解説 ■ how to... で、「…する方法」。■ For what? は、「何のために？」という意味。■ Many children will join. は、Many children are going to join. と置き換えることもできる。■ across... は、「…を渡ったところに」。ほかにも方向を表す over、along、above などの前置詞は、覚えておくと便利。■ Would you like to...? は、相手を誘ったりするときの、丁寧な言い回し。■ I wish I could... は「…できるといいのに」という意味。具体的な条件などを明示せず、I wish I could. とだけ述べれば、やんわりとした断りにも使える。

第②週

【子音編】
紛らわしい発音をマスターしよう！

14日目

CD 52

子音の連結
（子音＋r、子音＋l）

今日の練習内容

英語の発音が日本語と大きく異なる要素の一つに、drやtrなど子音同士がくっ付く子音連結というものがあります。
drやtrを含む単語は非常によく出てきます。ちょっとしたコツをつかめば上手に発音できるようになります。ここではrやlと結びついた発音を練習します。

▶ dr で始まる語

CD 53

ヂュ [dr]

drip
（滴る）

SKT **ヂュイ**ェプ

→ ココに注目

発音のコツ

▶ 日本語では「ドリップ」と言いますが、「ド」を「ヂュ」に置き換えると、発音しやすくなります。最初に唇を丸め、力を入れて発音するのがコツです。

☞ 口を前に突き出すと、相対的に舌が引っ込むという原理を利用しています。「ヂュリㇷ゚」とカナをふると、「ヂュ・リ」のように音が途切れてしまうことがあるため、続けて発音しやすいように「ヂュイ」と表記しています。

その他の英単語

単語	SKT 表記	一般的な カタカナ表記
drain （排水管）	**ヂュエイン**ㇴ	ドレイン
dry （乾かす）	**ヂュアイ**	ドライ

紛らわしい発音をマスターしよう！ 第❷週

▶ tr で始まる語

チュ [tr]

CD 53

trip
（旅）

SKT チュイェプ
　　　━━━━
　　　　↑ ココに注目

発音のコツ

▶ 日本語では「トリップ」と言いますが、tr を1つの音と考え、「チュ」に置き換えて発音します。最初に力を入れて発音するのがコツです。

その他の英単語

単語	SKT 表記	一般的な カタカナ表記
train（列車）	チュエインヌ	トレイン
try（試す）	チュアイ	トライ

▶ gr、cr で始まる語

グゥル [gr]、クゥル [kr]

CD 53

grape
（ブドウ）
SKT グゥレイプ
　　　↑ ココに注目

crape
（クレープ）
SKT クゥレイプ
　　　↑ ココに注目

発音のコツ

▶ gr や cr を 1 つの音と考えて、唇を丸めた状態から発音してみてください。舌先をどこにも付けないようにしましょう。

紛らわしい発音をマスターしよう！ 第❷週

▶ gl、cl で始まる語

グヌル [gl]、クヌル [kl]

CD 53

glue
（接着剤）
SKT グヌルウ
← ココに注目

clue
（手がかり）
SKT クヌルウ
← ココに注目

14日目 子音の連結（子音＋r、子音＋l）

発音のコツ

▶ gl や cl を1つの音と考えて、「ヌ」の口の構えから、発音してみてください。舌先を歯ぐきの裏にしっかり付けることを意識しましょう。

▶ br、pr で始まる語

ブゥル [br]、プゥル [pr]

bride

（花嫁）

SKT ブゥライド

← ココに注目

pride

（誇り）

SKT プゥライド

← ココに注目

発音のコツ

▶ br や pr を1つの音と考えて、唇を丸めた状態から発音してみてください。舌先をどこにも付けないようにして発音しましょう。

紛らわしい発音をマスターしよう！ 第❷週

▶ bl、pl で始まる語

ブヌル [bl]、プヌル [pl]

bleed

（出血する）

SKT ブヌリード

　　　↑ ココに注目

plead

（嘆願する）

SKT プヌリード

　　　↑ ココに注目

発音のコツ

▶ bl や pl を 1 つの音と考えて、「ヌ」の口の構えから、発音してみてください。舌先を歯ぐきの裏にしっかり付けることを意識して発音してみましょう。

14日目　子音の連結（子音＋r、子音＋l）

▶ fr で始まる語　　　　　　　　　　　　　　CD 54

ウゥル [fr]

fright
（恐怖）

SKT ウゥライト

その他の英単語　　　↑　ココに注目

単語	SKT 表記	一般的なカタカナ表記
frog（カエル）	ウゥラアグ	フロッグ

▶ fl で始まる語　　　　　　　　　　　　　　CD 54

ウヌル [fl]

flight
（飛行）

SKT ウヌライト

その他の英単語　　　↑　ココに注目

単語	SKT 表記	一般的なカタカナ表記
flower（花）	ウヌラウァ	フラワー

紛らわしい発音をマスターしよう！ 第❷週

▶ spr で始まる語

スプゥル [spr]

sprite
（精霊）

SKT スプゥライト

その他の英単語
↑ ココに注目

単語	SKT 表記	一般的なカタカナ表記
spray（スプレー）	スプゥレイ	スプレー

▶ sl で始まる語

スヌル [sl]

slight
（少し）

SKT スヌライト

その他の英単語
↑ ココに注目

単語	SKT 表記	一般的なカタカナ表記
slow（遅い）	スヌロウ	スロー

今日の会話⑫ CD 55

Ken が、自宅に帰ろうとすると、Ann が送っていってほしいと頼みます。

Ken:
I'm going home now.
アイム ゴウイング ホウム ナウ

僕は帰るよ。

Ann:
Would you mind dropping me off at
ウヂュ マインド ヂュアピング ミ アウァト

the flower shop, a few blocks
ズア ヴヌラウァ シュアプ ァ ヴュウ ブヌラクス

short of the ABC Club?
シュオーアト アヴ ズィ エィビースィー クヌラプ

ABCクラブの2〜3ブロック手前にある花屋で降ろしてもらえないかしら？

Ken:
Gladly.
グヌラドヌリィ

喜んで。

Are you planning to give flowers to someone?
アー ィユウ ブヌラネイング タ ギェヴ ヴヌラウァズ タ サムゥワンヌ

誰かにお花をあげるの？

Ann:
Yes. My grandmother is visiting my place.
ィエス マイ グゥレアンマザァ イェズ ヴィェズィティング マイ ブヌレイス

ええ。祖母がうちに来るのよ。

Ken:
I see. I'll drop you off
アイ スィー アイウ ヂュア ピュウ アーヴ

in front of the flower shop.
イェン ヴゥラン タヴ ズア ヴヌラウァ シュアプ

わかったよ。花屋の前で降ろしてあげるよ。

Ann:
Great! Thanks, Ken. You are a treasure.
グゥレイト スェアンクス ケンヌ ィユウ アー ァ チュエヂュア

よかった！ありがとう、ケン。とても助かるわ。

子音同士がくっ付く発音

block, club, dropping, flower, front, gladly, grandmother, great, place, planning, treasure

解説 ■drop me off at... で、「…で私を（車から）降ろす」という意味。■short of... は「…に足りない」という意味から、ここでは「…の手前」。■Gladly. は「喜んで」という意味でよく使う。Sure./It's my pleasure./Of course. とも言う。

紛らわしい発音をマスターしよう！ 第❷週

子音の発音 24音

今週は、子音の紛らわしい発音を対比させて練習してきました。ここまでで子音の発音はすべてマスターできたはずです。以下に、子音を特徴別に簡単に整理したので、確認してみてください。

【鼻から出す音】
ム [m]、ヌ／ンヌ [n]、ング [ŋ]

【破裂させる音】
ブ [b]、プ [p]、ド [d]、ト [t]、グ [g]、ク [k]

【唇を丸めて出す発音】
ゥウ [w]、ヂュ [dʒ]、チュ [tʃ]、ジュ [ʒ]、シュ [ʃ]、ゥル [r]

【摩擦させる音】
ヴ [v]、ゥ [f]、ズ [ð]、ズ [z]、ス [θ]、ス [s]

【そのほかの音】
ヌル [l]、ィ [j]＊、ハ [h]

＊ィ [j] の発音については、第1週2日目も参照してください。

英語を上手に発音するための
ワンポイント・アドバイス

「ため」を意識して発音しましょう

　p（プ）、t（トゥ）、k（ク）などで始まる語が、日本語よりも呼気が強くなるのは、息をためてから発音しているからです。p（プ）は両唇を閉じ、t（トゥ）は舌先を歯ぐきの裏に付け、k（ク）は舌の奥で、それぞれ呼気をふさいで息をためます。この息をためる感じを意識すると、英語らしい発音ができます。

第❸週
仕上げ編

自然な発音を
マスターしよう！

第3週で練習すること

> **学習の目的 ▶▶▶**
>
> 第3週では、語と語のつなぎ、イントネーションなどを練習し、自然な英語の発音に慣れることを目指します。

解説

　第1週では母音の発音、第2週では子音の発音を中心に練習してきました。しかし、どんなに単語の発音が上手でも、文になると、ぎこちなくなってしまうことがあります。

　日本語は、子音一つひとつに、ア、イ、ウ、エ、オなどといった独立した母音が組み合わさることで、1つの音節や単語を構成し、単語を単純につなげるだけでも、比較的わかりやすく聞こえます。これに対して、英語は、高低、強弱、抑揚などが豊富であるため、単純に単語を組み合わせるだけでは、なかなか英語らしく聞こえません。

　たとえば、Good morning.（おはよう）の発音。「グッド・モーニング」のように、単調に言ったのでは、とてもぎこちなく聞こえます。何だか、朝から気が抜けてしまいそうですね。これに対して、「愚問ねん」（問の部分を強く）と言うと、英語の自然な発音に近づきます。これは、英語には、子音同士がくっ付くと、前の音が消えたり、弱くなったりするという原則があり、Good morning.の場合では、Goodのdとmorningのmという子音同士がくっ付くことで、dの音をはっきりと発音しなくなる、という現象が起きているからなのです。また、Good morning.のように、抑揚をつけて発音するのも英語の特徴です。

　youを含む文では、Did you...?（…した？）、Could you...?（できた?

／〜してくれる?)、Won't you...?(…しないの?) などのように、直前のdと結合すると「ヂュ」と、tと結合すると「チュ」と同化する傾向があります。Thank you.(ありがとう) などは、すでに「サンキュウ」と、日本語でも1つの表現としてよく使われており、ほとんどの人が、Thankとyouを分けずに発音しています。では、I like you.(あなたを好き) の場合はどうでしょう。「アイ ライク ユウ」と分けて発音すると、なかなか気持ちが伝わりません。しかし、「荒井九」(「ら」を強く) さんという人がいたとして、その名前を読んでみると、英語らしい発音になります。単語を一つひとつ発音するよりも、自然に聞こえますね。

　第3週では、さまざまな語のつながりについて、「どうして変化するのか」「どのように変化するのか」ということに着目し、日本語で近似の発音がある場合には、それらをヒントに練習していきます。また、総仕上げとして、20日目にはアクセント、最終日の21日目にはイントネーションのコツをまとめました。

　英語を上手に発音することができるようになると、英語のリスニングも飛躍的に向上するはずです。最終週も、最後まで頑張ってください。

第3週では、英語らしい発音ができるようになるために、英語の特徴的な発音や音の変化について取り上げました。

今週の練習内容

日	練習内容
15日目	単語のつながり① 子音+母音、子音+子音
16日目	単語のつながり② 子音と半母音（you）の結合
17日目	be 動詞の短縮形
18日目	消える音・弱くなる音①
19日目	消える音・弱くなる音②
20日目	アクセント
21日目	イントネーション

第❸週
【仕上げ編】
自然な発音をマスターしよう！

15 日目

CD 56

単語のつながり ❶
子音＋母音
子音＋子音

今日の練習内容

英語では、単語同士がつながるところで、よく音声変化が起こります。今日は、語末の子音に母音がつながる場合のパターンをいくつか取り上げて練習します。

...k + 母音

bac**k u**p

（バックアップ、援護）

SKT バ**カ**プ

ココに注目

👉 「バカ！」をイメージして
最後に口を閉じる

発音のコツ

▶ 1つの単語のように発音します。「バカ！」と力を入れて発音し、最後に口を軽く閉じると、上手に発音できます。

👉 back を単独で発音するときには、a の音を強く発音するため、「**ベア**ヶ」となりますが、back up とつながると、up のほうがアクセントが強くなるので、back の a の発音は相対的に弱くなります。

自然な発音をマスターしよう！ 第❸週

その他の例

表現	SKT表記	意味
ta**ke o**ff	テイカーヴ	離陸する
loo**k u**p	ヌルォカプ	見上げる、調べる
chec**k i**n	チュエケンヌ	チェックインする

解説

▶ k は口の奥のほうから声を出す感じで発音します。

☞ 英語では、副詞などを伴って意味を付加したり、補足することがよくあります。たとえば、up には、「上のほうに」のほか、「完全に／やり遂げる」「まっすぐ立てる」「追いついていく」などのニュアンスがあり、動詞と一緒になってさまざまな意味を表します。

...l + 母音

CD 57

call on

（訪ねる）

SKT コーウヌロンヌ

↑
ココに注目

👉 「口論」をイメージして

発音のコツ

▶ 出だしの「**コー**」は、卵が口の中に入っているイメージで発音します。

▶「**ヌロ**」の音では、舌先を歯ぐきの裏にしっかりと付けます。

👉 アメリカ西海岸の発音では、call の発音は「**コーウ**」ではなく「**カーウ**」のようになり、call on の発音は、「**カーヌロンヌ**」となります。

👉 on には、「接触している」「物事が継続している」という意味もあります。

自然な発音をマスターしよう！ 第❸週

その他の例

表現	SKT 表記	意味語
bail out	ベイウˇラウト	救う、保釈する
call in	コーウˇリェンˇ	呼ぶ
(a) bowl of	(ァ) ボウウˇラヴ	一杯の

単語のつながり❶

解説

▶ lで終わる単語のあとに母音で始まる単語が続く場合には、舌先が歯ぐきの裏に付くことを意識して、lの音をしっかり発音します。

▶ SKTの小さい「ˇ」は、舌先を歯ぐきにしっかり付けることを意味する表記です。たとえば、bail out は、単調に発音せず、「ラ」で舌先を歯ぐきの裏に付けることを意識して、「**ベイウˇラウト**」と発音します。

…d + 母音

send off

（見送る）

SKT センドーヴ

↑ ココに注目

👉 「船頭」をイメージして

発音のコツ

▶ send の d は、off の o とくっ付きます。

▶ 最後の「ヴ」は、摩擦音なので、下唇を上の歯に軽く添えることを意識しましょう。

その他の例

表現	SKT 表記	意味
I did it.	アイ ディディト	私がやった
a kind of…	ァ カインダヴ	一種の…

自然な発音をマスターしよう！ 第❸週

CD 58

...t + 母音

I get off.

（降ります）

SKT アイ ゲ**ドー**ウ

→ ココに注目

👉 「揚げ豆腐」をイメージして

発音のコツ

▶ 日本語の「揚げ豆腐」に近い発音です。強弱を意識してみましょう。

👉 get の t は off の o と結び付いて、日本語の「ド」に近い音になります。t の音をさらに弱くして、「ロ」のように発音する人もいます。

その他の例

表現	**SKT** 表記	意味
no**t a**t all	ナアダ**ドー**ウ	まったく〜ない
se**t u**p	スエ**ダ**ブ	組織する、組み立てる

子音 + 子音

Good morning!

（おはよう）

SKT **グォ**ド **モー**ァネィンｸﾞ

ココに注目

👉 「愚問ねん」をイメージして

発音のコツ

▶ Good の「ド」は、構えだけでほとんど発音しません。舌先を歯ぐきの裏に付けたまま、少しだけポーズを置きましょう。

▶ ポーズのあと、morning は "mor" の部分を一番強く、抑揚を付けて発音します。

その他の例

Good + 子音	SKT表記	意味
Good day!	グォドゥ デイ	ごきげんよう！
Good for you!	グォドゥ ヴァィユウ	よかったね！
Good job!	グォドゥ ヂュアㇷ゚!	よくやった！

語末の子音のあとに母音が来る場合と、子音が来る場合を比較し、練習してみてください。

子音 + 母音	子音 + 子音
big order （大口注文） ビェグ ゴーァダァ	**big deal** （大事なこと） ビェグ ディーウ
right away （今すぐ） ゥライ ダゥウェイ	**right now** （今すぐ） ゥライトゥ ナウ
as soon as possible （できるだけ早く） ァズ スウン ナズ パアサポウ	**soon hot soon cold** （熱しやすく冷めやすい） スウン ハアトゥ スウンヌ コウドゥ

今日の会話⓭

CD 59

加藤彰士さんは、アメリカに滞在している日本のビジネスマンです。旅行代理店に、出張のための航空券を受け取りに来ました。

Shoji:
I'd like to pick up my flight ticket.
アイド ヌライク タ ピェカプ マイ ウヌライト ティキェト

航空券を受け取りたいのですが。

Agent:
Let me look up your information.
ヌレト ミ ヌルォカプ イユア イェンヴァメイシュンヌ

お調べします。

Shoji:
It was all set up last week.
イェト ウズ アーウ セタプ ヌレアスト ゥウィーク

先週手配済みです。

Agent:
Here it is. Your flight is at eight a.m.
ヒァ イェテイェズ イユア ウヌライト イズ アト エイト エイエム

The check-in counter will close 30 minutes
ズア チュエケン カウンタァ ウィウ クヌロウズ サ～ティ メネッツ

before the flight. Please don't arrive late.
ビウォーア ズア ウヌライト プヌリーズ ドウント ア・ウライヴ ヌレイト

ああ、ありました。フライトは午前8時です。チェックインカウンターはフライトの30分前に閉まります。遅れないようにお願いします。

Shoji:
I'll set an alarm clock. Don't worry.
アィウ セエタナヌラーアム クヌラク ドウント ゥワ～ゥリィ

目覚ましをかけます。ご心配なく。

Agent:
If you need me to call on a taxi
イェヴィユウ ネィード ミ タ カーヌロンヌナ テアクスィ

service, let me know.
サ～ヴィス ヌレト ミ ノウ

タクシーが必要ならお知らせください。

Shoji:
My secretary did it already.
マイ スエクゥレタゥリィ ディディト アーウゥレディ

Thank you very much.
スアンキュウ ヴェゥリィ マチュ

秘書が手配済みです。どうもありがとう。

Agent:
You're welcome.
ィユア ゥウェウカム

どういたしまして。

解説 ■pick up... で、「…を持ち上げる、拾い上げる」という意味から、ここでは「…を受け取る」。pick up the phone「電話を取る」などのようにも使う。pick だけでは、「摘む、選ぶ」などの意味になるので、注意。■ look up... は、「…を調べる」。■ set up で、「準備をする、支度をする」。■ eight a.m. など、時刻を言う場合には、前後とつなげて発音することは意識せず、数字をはっきりと発音する。■ call on... で「…を呼ぶ」。■ If you need me to... は、Should you need me to... や When you need me to... に置き換えることもできる。

第❸週
【仕上げ編】
自然な発音をマスターしよう！

16日目

CD 60

単語のつながり ❷
子音と半母音（you）の結合

今日の練習内容

今日は、語末の子音に you が結合する場合について、Won't you...?、Could you...?、Did you...? など、よく使う疑問文も含めて、練習します。

...k + you

I like you.

（あなたが好き）

SKT アィ ヌ**ライ** キュウ

ココに注目

👉 「荒井九」をイメージして
「ら」の部分を強く

発音のコツ

▶ like は、舌先を歯ぐきの裏に付け、少し息をためてから発音しましょう。

▶ you の語末の「ウ」は、日本語の「ウ」よりも少し口をすぼめます。

その他の例

表現 SKT表記	意味
Thank you. ｽ**アン キュウ**	ありがとう
make you... **メイ キュウ**	…にしてあげる、 …を作ってあげる
Take your time. **テイ キュァ タイ**ﾑ	ゆっくりしてね

解説

▶ make や take の最後の e は発音しないため、you は、e の直前の子音である k とつながります。

▶ you が your になっても同様です。ただし、最後に r が付いているため、小さな「ァ」を補い、「キュァ」としました。r を意識しすぎて、舌を丸めすぎると、かえってぎこちなく聞こえます。

...I + you

I'll call you.

([あとで] 電話するよ、呼ぶよ)

SKT アィウ コーウ ヌリュウ

↑
ココに注目

👍 call you は、「交流」をイメージして
「コ」に力を入れて

発音のコツ

▶ call you という情報のほうが重要なので、I'll (= I will) の部分は軽く、call you の部分を強めに発音します。特に出だしの「コ」に力を入れましょう。

▶「リュ」は、舌先をしっかりと歯ぐきの裏に付けて発音します。

☞ I will は、よく、I'll (アィウ) といった短縮形になります。

自然な発音をマスターしよう！ 第❸週

その他の例

表現 / SKT表記	意味
Will you...? ゥウィ ウヌリュウ	…してくれる?
tell you... テウ ヌリュ	…を教えてあげる
all your help オーウ ヌリュァ ヘウプ	あなたの助けすべて

解 説

▶ l が語末に来る単語では、つづりが will、tell、call などのように ...ll となったり、table、cable、shuttle などのように ...le となることがよくあります。

☞ Will you...? は、Won't you...? などと同様、「…してくれる？」と、相手に何かを依頼するときによく使います。

167

...t + you

CD 62

Won't you come?

（来ないの？）

SKT ゥウォウン チュ カム？ ← ココに注目

👉 **Won't you は、「御中」をイメージして**
出だしは「お」でなく「ウォ」に

(発音のコツ)

▶ Won't you の出だしは w の音なので、唇をすぼめてから発音します。

▶ t と you がつながるときは、唇を丸め、「チュ」と詰まるように発音します。

☞ 下記の What's your...? のように "t's" と your がつながる場合も、結合する部分は、「チュァ」と唇を丸めます。

その他の例

表現 **SKT** 表記	意味
Nice to meet you. ナイス タ ミーチュ	会えて うれしいです
What's your name? ゥワ チュァ ネイム	お名前は？

自然な発音をマスターしよう！ 第❸週

...d + you

Could you come?

(来てくれる？)

SKT クヂュ カﾑ？ ←ココに注目

👉 Could you は、「苦渋」をイメージして
「渋」は、詰まって渋い感じに

発音のコツ

▶ 苦渋の「渋」は「ジュウ」ですが、「ジ」ではなく「ヂ」（チの濁音）の音で、「ヂュ」と少し詰まるように発音します。

その他の例

表現 SKT 表記	意味
Did you sleep well? ディヂュ スﾇリープ ウェウ	よく眠れた？
Mind your step. マイン ヂュァ ステプ	足元に気をつけて

今日の会話⓮

加藤彰士さんは、取引先のスミスさんに電話をしましたが、不在のようです。

Shoji: Could you put me through to Mr. Smith at the Sales Department? クヂュ ブオト ミ スゥルー タ ミェスタァ スミェス アト ズア スエイウズ ディパーアトマント	営業部のスミスさんにつないでいただけますか。
Operator: Could you give me your name, please? クヂュ ギェヴ ミ ィユア ネイム プヌリーズ	お名前をうかがえますか。
Shoji: I'm Shoji Kato of SKT Corporation. アイム シュオジ カトゥ アヴ エスケイティー コーァパウレイシュンヌ	SKT社の加藤彰士です。
Operator: Would you hold the line, please? ゥウヂュ ホウゥド ズア ヌラインヌ プヌリーズ	しばらくお待ちください。
Thank you for waiting. スェアンキュウ ヴァ ゥウェイティング	お待たせしました。
His line is busy right now. ヒェズ ヌラインヌ イズ ビェズィ ゥライト ナゥ	スミスはただいま電話中です。
Would you like to leave him a message or could you call him back? ゥウヂュ ヌライク タ ヌリーヴ ヒェム ァ メスィヂュ オァ クヂュ コーゥ リェム ベアク	メッセージを残されますか、それとも後ほどかけ直していただけますか。
Shoji: Will you just tell him I called? ゥウィ ヌリュウ ヂュアスト テゥ ヒェム アイ コーゥド	私から電話があったと伝えていただけますか。
Operator: OK. オウケイ	承知しました。
Shoji: Thank you for all your help. スェアンキュウ ヴァ オーゥ ヌリュアヘゥブ	どうもありがとう。

解説 ■Could you put me through to...? は、Could I speak to...? とシンプルにしてもよい。■Could you give me your name? は、Could I have your name please? と言い換えることも可能。■hold the line は、「(電話を)切らずにそのままの状態でいる」という意味。■「取り込んでいて、今電話に出られない」なら、He can not take your call right now. と言う。■leave ... a message は、「…にメッセージを残す」という意味。

第3週
【仕上げ編】
自然な発音をマスターしよう！

17 日目

CD 64

be 動詞の短縮形

今日の練習内容

書き言葉では、よく He is や She is などと表記されていますが、会話では、He's や She's などと短縮される場合がほとんどです。
今日は、こうした短縮形の発音を I、you、he、she、it、they といった代名詞などを使った基本的なセンテンスで練習します。

It is → It's

It's small.

(それは小さい)

SKT イェツ スモーウ ← ココに注目

👉 **「いつ住もう？」をイメージして**
「も」を強く、一気に

発音のコツ

▶ It's の語末は、t と s がくっ付いているので、少し詰まった感じの「ツ」になります。日本語の「ツ」よりも少し強めに発音してみましょう。

▶ It's の s と、続く small の s は、ポーズを置かずに発音しましょう。

その他の例

表現 / SKT表記	意味
It's easy. イェツ イーズィ	（これは）やさしい
It's a deal. イェツァ ディーウ	これで決まりだ

自然な発音をマスターしよう！ 第❸週

CD 65

That is → That's

That's nice.

（それはすてきだ）

SKT ズ**アツ** ナイス ─ ココに注目

発音のコツ

👉 「雑な椅子」をイメージして
出だしを弱く、「な」を強く

▶ 出だしの th の音は、s よりも弱い摩擦音なので、出だしはあまり力まないようにしましょう。

▶ nice は、「ナ」の部分を強く発音しましょう。

☞ That is は That's と短縮しますが、This is は短縮できません。

その他の例

表現 **SKT** 表記	意味
That's not good. ズ**アツ** ナ**ア**ト グ**ォ**ド	それはよくない
That's a miracle. ズ**アツ**ァ ミェゥ**ラ**クウ	奇跡だね

be動詞の短縮形

There is → There's

There's none.

(何もない)

SKT ズエァズ ナンヌ

ココに注目

👉 There's は「図絵図」をイメージして

発音のコツ

▶ There's の語末の s は、摩擦音となります。

その他の例

表現 SKT 表記	意味
There's no time to lose. ズエァ ズ ノウ タイム タ ヌルウズ	時間的余裕はない
There's good news. ズエァ ズ グォド ヌウズ	よい知らせがあるよ

自然な発音をマスターしよう！ **第❸週**

He is → He's

He's a doctor.
（彼は医者だ）

SKT ヒズァ **ダア**ｸタァ ［ココに注目］

発音のコツ 👉 He's a は「膝（ひざ）」をイメージして

▶ He は短く発音するため、「ヒー」ではなく、短く「ヒ」となります。
▶ doctor は、出だしの「ダ」を強く、「ダア」と大きく口を開くようにします。

She is → She's

She's cool.
（彼女は格好いい）

SKT シュイズ **クウウ** ［ココに注目］

発音のコツ 👉 「滴（しずく）」をイメージして

▶ She は、「シュ」の発音に近く、唇を丸めた発音です。「しず（く）」よりも、「シュイズ」と言ったほうが英語の発音に近くなります。

be動詞の短縮形

You are → You're

You're big.

（大きいね）

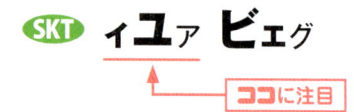

SKT ィ**ユ**ァ **ビ**ェグ

↑ ココに注目

👍 「湯浴び」をイメージして
「ビ」を強く、少し伸ばし、最後にちょっと「グ」を入れる

発音のコツ

▶ You の出だしは、日本語の「ユ」よりも少し唇を丸めます。「ィユウ」と発音したあとに舌先を少し持ち上げると、次の r が上手に発音できます。

その他の例

表現 **SKT** 表記	意味
You're always welcome. ィ**ユ**ァ **オ**ウ**ウェ**イズ ゥ**ウェ**ウヵﾑ	いつでも大歓迎よ
You're kidding. ィ**ユ**ァ **キェ**ディンｸﾞ	からかってるの？

176

自然な発音をマスターしよう！ 第❸週

They are → They're

CD 66

They're mean.

（彼らは意地悪だ）

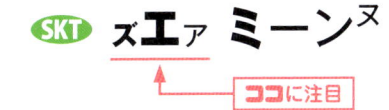

SKT ズエァ ミーンヌ

↑ ココに注目

👉「世阿弥（ぜあみ）」をイメージして
「ミ」を一番強く、少し伸ばして

発音のコツ

▶ この r は、「ア」を発音するときよりも舌を少し持ち上げて発音します。

▶ mean の語末の n は、舌先を歯ぐきの裏に付け、鼻から音を出します。

その他の例

表現　　　　　　　　　SKT 表記	意味
They're twins. ズエァ トゥイェンズ	彼らは双子だ
They're all the same. ズエァ オーウ ズァ セイム	それらはみな同じだ

be動詞の短縮形

今日の会話⑮

CD 67

加藤彰士さんは、母の日のプレゼントを買いに、お店にやってきましたが、何にしたらいいのか、少し悩んでいるようです。

Clerk:
May I help you find something in particular?
メイ アィ ヘゥビュウ ヴァインド スアムスィエング イム パティキュヌラァ

何かお探しでしょうか。

Shoji:
I'm looking for a mother's day gift.
アィム ヌルオキェング ヴォ ァ マズァズ デイ ギェヴト

Any suggestions?
エネィ スアヂェスチュンズ

母の日のプレゼントを探しているんですが、何かいいものはありますか。

Clerk:
There're some lovely scarves over here.
ズエ ァ スム ヌラヴヌリィ スカーァアヴズ オウヴァ ヒァ

あちらにすてきなスカーフがあります。

Shoji:
That's perfect!
ズエァツ パ〜ヴェクト

ぴったりですね！

Clerk:
We're having a sale now.
ウウィア ヘァヴィエン ガ セイウ ナゥ

Everything's 50 percent off the tag price.
エーヴゥリスィエングズ ヴィエヴティ パ〜セント アヴ ズァ テアグ プゥライス

ただいま当店はセール中で、全商品が定価の50%オフになります。

Shoji:
What's something that goes with it?
ゥワツ サムスィエング ズアト ゴウズ ゥウィエズ イェト

それに合うものが何かありますか。

Clerk:
There're some nice pins your mother's sure to love.
ズエ ァ サム ナイス ピエンズ イユア マズァズ シュア タ ヌラァヴ

きっとお母様がお好みになるようなピンがあります。

Shoji:
That's a good idea. I'll think about it.
ズエァ ツァ グォド アィディア アィウ スイェンク ァ・バゥテイト

いいですね。ちょっと検討してみます。

解説 ■May I help you...? で「…するのをお手伝いしましょうか」の意味。Can I help you...? でもよい。■Any suggestions? と語尾を上げると疑問文になる。■50 percent off the tag price で「値札から50％割引いて」という意味。「価格が50％になる」の意味ではないので注意。定価は list price とも言う。■What's something...? の代わりに Is there anything...? と言うこともできる。■...goes well with it. とすると、「…はそれとよく合う、向いている」という意味になる。

第❸週
【仕上げ編】
自然な発音をマスターしよう！

18 日目

CD 68

消える音・弱くなる音❶

今日の練習内容

今日は、his, him, her など人称代名詞の h、いくつかの単語をつなぐ and の d、it など語末の t、アメリカ英語の I am going to... の発音を練習します。

h の音

CD 69

I like him.

(私はあの人が好き)

SKT アィ ヌ**ライ** キェム

ココに注目

👉 「荒井家」をイメージして
「ら」を一番強く、舌先を歯ぐきに付けて

発音のコツ

▶「アィ ライク ヒム」と区切って発音しないようにしましょう。

▶「ヌ**ラィ**」は、舌先を歯ぐきの裏にしっかり付け、最後の m では口をキュッと結ぶ感じです。

▶ like と him の間にポーズを入れずに h を落とすと、さらに自然な発音になります。

自然な発音をマスターしよう！ 第❸週

その他の頻出例

表現 SKT表記	意味
It's his book. **イツイェズ ブ**ォク	それは彼の本です
Do you love him? **ヂ**ュ ヌ**ラヴ イ**ム	彼のことを愛しているの？
in her hand **イェ**ンナァ **ヘア**ンド	彼女の手の中に

解説

▶ his や her などは、弱く発音されることが多く、出だしの h がよく脱落します。

▶ 上の例のように、in her hand の hand は意味上重要な単語なので、h を強く発音します。また、It's his.（それは彼のものです）というように、his を強調する場合も h は脱落しません。

消える音・弱くなる音 ❶

...and...

CD 69

you and I

（あなたと私）

SKT ｨ**ユウ** ｧ**ンﾇ ナイ**

↑
ココに注目

👉 「言わない」をイメージして
「タンタンタン」というリズムで

発音のコツ

▶ and は、前後の言葉をつなげる役割だけなので、強く発音されることはあまりなく、d の発音が脱落する傾向があります。リズムよく発音しましょう。

自然な発音をマスターしよう！ 第❸週

その他の頻出例

表現 SKT 表記	意味
bacon and egg ベイカン ナン ネーグ	ベーコンと卵
food and drink ウーﾄﾞンﾇ ﾁｭイエンｸ	食べ物と飲み物
milk and sugar メウｸンﾇ シュガｧ	ミルクと砂糖

解説

▶ 上の例では、and の a と直前の子音とが結びつき、and の d が脱落するため、それぞれ、「ナンﾇ」「ﾄﾞンﾇ」「ｸンﾇ」のようになります。

▶ 「ンﾇ」のところでは、舌先を歯ぐきの裏に付け、鼻から息を出すようにします。

☞ and の d のあとに続く語が母音で始まるか、子音で始まるかによって、つながり方が変わります。（160 ～ 161 ページ参照）

it/that

Take it!

（持っていって）

SKT テイケト

→ ココに注目

👉 「定期」をイメージして

出だしを強くし、最後の「期」の母音は「イ」よりも「エ」と発音する

発音のコツ

▶ 出だしの「**テイ**」は、舌先を歯ぐきの裏に付けて、息をためてから、発音します。

▶ 最後の t は、舌先で軽く歯ぐきの裏をはじくだけで十分です。

解説

▶ t の発音には、下記のようにさまざまな種類があります。
　①語頭にあって勢いよく発音する音　少し息をためて、勢いよく発音します。195 ページに出てくる tea などは、これに該当します。

自然な発音をマスターしよう！ 第❸週

その他の頻出例

表現 SKT 表記	意味
I got it! **アイ ガア**ティト	わかった
Let's do it! ヌ**レツ ドゥウイ**ェト	やろうよ
Look at that! ヌ**ルォ カツ ズェア**ト	あれを見て！

②語末のt　ここで紹介する発音です。舌先で軽く歯ぐきの裏をはじくだけで十分です。

③語中で母音にはさまれた場合　下記のように「ラ化」（または「d化」）するという特性があります。

　例：water（水）→**ゥワ**ラァ、cutter（カッター）→**カ**ラァ、better（よりよい）→**ベ**ラァ

④あとに続くnに影響される場合　tは鼻音化します。

　例：cotton（綿）→ **カア**トンヌ（「ト」は構えだけで発音せず、そのまま、「ン」と発音する）

⑤nの後のt　脱落し、発音されないことがよくあります。

　例：winter（冬）→**ゥウィ**ナア、Internet（インターネット）→**イン**ナネト

消える音・弱くなる音 ❶

going to...

I'm going to...
（私は…するつもりだ）

SKT **アイ**ム **ガ**アナァ

ココに注目

👉 「購(あがな)う」をイメージして

発音のコツ

▶ ゆっくり発音する場合は除いて、I am going to という文字を意識せず、別の音だと割り切って発音しましょう。

自然な発音をマスターしよう！ **第❸週**

その他の頻出例

表現 / SKT 表記	意味
I'm going to be late. アイム **ガアナァ** ビ ヌレイト	遅れそうだ
I'm going to make it. アイム **ガアナァ** メイケト	間に合いそうだ

解説

▶ 英語では、よく使うフレーズの音声は、文字とは関係なく、言いやすいように変化する傾向があります。going to を「ガアナァ」と発音するのは、そうした英語の性格に従った変化ともいえます。going to を早く言おうとすると、まず、goin' to と g が落ちます。次に n と t がくっ付くことで、t が「n 化」し、goinna（a は弱音）となり、これがさらに短くなって gonna（ガアナァ）となるのです。さらに早く発音すると、「**ア**イム」の発音も弱くなるため、I'm going to が「アガナ」に近い発音になります。

▶ ただし、この現象はアメリカ英語の特徴で、イギリス英語では、ほとんどの場合、「**ゴ**ゥイング　トゥ」と省略せずに発音します。

消える音・弱くなる音 ❶

今日の会話⓰

CD 71

加藤彰士さんは、レストランで注文したものが売り切れだったので、近くの人が食べているものの中から選ぼうと考えました。

Waitress: Hi, ready to order now?	ハアイ ゥレディ タ オーァダァ ナゥ	ご注文はお決まりですか。
Shoji: Yes, I'm going to have a ham and cheese sandwich.	ィエス アイム ガアナ ヘアヴ ァ ヘアメァンヌ チュイーズ セアンゥウィチュ	ええ。ハムとチーズのサンドイッチをください。
Waitress: I'm sorry. We just ran out.	アイム スアゥリィ ゥウィ ヂュアスト ゥレアンナウト	すみません。ちょうど売り切れてしました。
Shoji: What kind of sandwich is he having?	ゥワト カインダヴ セアンゥウィエチュ イェズ ヒー ヘアヴィエング	あの人が食べているのは何のサンドイッチですか？
Waitress: The man in the white shirt? That's a bacon and cheese.	ズア メアンヌ イェン ナ ゥワイト シュア〜ト ズアツァ ベイカン ナン チュイーズ	白いシャツの方ですか？ベーコンチーズです。
Shoji: I'll take it. Can you make it quick?	アィウ テイケト ケアン ニュウ メイケト クゥイェク	それをください。早くしてもらえますか。
Waitress: OK. I am going to place your order right now.	オウケイ アイム ガアナ プヌレイシュァ オーァダァ ゥライト ナゥ	承知しました。今すぐオーダーをかけますね。

解説 ■Are you ready to order now? の Are you を省略し、(Hi,) ready to order now? と言っている。■ran out はここでは、「売り切れた」という意味。sold out も同義で使える。run out は「材料が全部なくなる」、sell out は「売り切る」というニュアンスとなる。■in...「…を着ている」は、人を形容するときによく使う。■make it quick のように、「動詞＋目的語＋形容詞／副詞」の組み合わせは、Do ... carefully.「気をつけて…して」、Do ... politely.「丁寧に…して」など、いろいろと応用が利く。■place an order で、「注文を入れる」。

第❸週
【仕上げ編】
自然な発音をマスターしよう！

19 日目
CD 72

消える音・弱くなる音❷

今日の練習内容

今日は、Can I...? などよく使う文、be 動詞の過去形 was、from や of などの前置詞について、消える音と弱くなる音の練習をします。

Can I...?

Can I help you?

(お手伝いしましょうか)

SKT <u>ケナイ</u> ヘウ ピュウ？

ココに注目

👉 「毛ない」をイメージして

発音のコツ

▶ この文で強く発音するのは help です。Can I は、1 語のように発音し、全体的にメリハリをつけます。

▶ 最後の help you では、語尾を上げます。

自然な発音をマスターしよう！ 第❸週

その他の頻出例

表現 SKT表記	意味
Can I ask you a favor? ケナイ ェ**アス** キュゥァ **ウェイヴァ**	ちょっと頼んでいい？
Can I come in? ケナイ カミェンヌ	入ってもいい？
Can I have a menu? ケナイ ヘアヴァ **メニュウ**	メニューを見せてもらえますか？

解説

▶ Can I...? は Could I...? などとともに、相手に許可を求める表現としてよく使われます。同様の意味の May I...? も丁寧な表現として日常会話でよく使われます。

was

I was wrong.

（私が間違っていた）

SKT **アイ ウズ ゥローンゲ**

ココに注目（↑ ウズ）

👉 was は、「渦」をイメージして

発音のコツ

▶ wrong は、唇をしっかりと丸めて、発音します。

👉 was は、文の途中などにあって弱く発音するときと、文の終わりなどにあって強く発音するときがあります。

その他の頻出例

表現　SKT表記	意味
He was kind to me. ヒ ウズ **カイン**ド タ ミ	彼は優しかった
She was sick yesterday. シュイー ウズ **スィエ**クィ**エ**スタァディ	彼女は、昨日病気だった
There was a tall tree. ズエァ ウズァ **トーウ チュイー**	高い木が立っていた

前置詞 from

CD 74

I'm from Bali.

（私はバリ島から来ました）

SKT アイㇺ ウㇺ バアㇴリィ

☞ from Bali は「踏ん張り」をイメージして
「ん (m)」は唇を閉じ、「ば」に力を入れて

発音のコツ

▶ 上の文の中では、Bali という情報が一番重要なので、最も強く発音します。

☞ Where are you from?（どこから来たの？）などと聞くときは、「どこから？」がこの文の重要な部分となるので、むしろ from を強く発音します。

その他の例

表現 **SKT** 表記	意味
He just came from Tokyo. ヒ ヂュストゥ ケィㇺ ウㇺ **トウキオウ**	彼は東京から来たばかりだ
from my standpoint ウㇺ **マイ ステアン**ドポイント	私の立場から

自然な発音をマスターしよう！ 第❸週

前置詞 of

a cup of tea

（一杯のお茶）

SKT ァ **カ** パヴ **ティー**

ココに注目

👉「河童亭」をイメージして

発音のコツ

▶ はじめの a は、あいまい母音なので、弱く発音します。

▶ cup of tea は、一気に続けて発音しましょう。

👉 イギリスでは、「**カ**ッパ**ティー**」のように発音します。

その他の例

表現　　　　　　　　　**SKT** 表記	意味
A piece of cake. ァ **ピース** ァヴ **ケイ**ク	朝飯前だ （簡単だ）
I'm proud of you. アイム **プゥラウ** ダヴ ィ**ユウ**	あなたを 誇りに思う

今日の会話 ⓱

加藤彰士さんは、出張先でのホテルの手配をしています。

Operator: This is ABC Hotel. How can I help you?	ABCホテルです。ご用件をおうかがいします。
Shoji: I'd like to make a reservation for a single room from next Monday to Wednesday.	来週月曜から水曜までシングルルームを予約したいのですが。
Operator: From the 15th to the 17th? OK. Sure.	15日から17日ですね。承知しました。
Shoji: I was told I could get a corporate rate from your hotel.	コーポレートレイトが使えると聞いたのですが。
Operator: Which company are you from?	どちらにお勤めですか。
Shoji: I'm from SKT Corporation.	SKT社です。
Operator: We can offer you a special rate of 100 dollars per night.	1泊100ドルの特別レートでお泊まりいただけます。
Shoji: OK. Can I book now?	わかりました。いま予約してもいいですか。
Operator: Of course!	もちろんです。

解説 ■How can I help you? のほか、May I help you? や Can I help you with something? なども同義の表現として使うことができる。■a corporate rate とは「（特定の）会社向け料金」のこと。■offer you... は、「…を提供する」。special price、coffee、wine など金銭や物のほか、challenge、service、option などについても使える。■Of course. 以外に、Certainly./Sure./Absolutely. といった表現もある。

第❸週
【仕上げ編】
自然な発音をマスターしよう！

20 日目

CD 76

アクセント

今日の練習内容

最後の2日間は、自然な英語の発音を習得するための仕上げとして、アクセントとイントネーションを練習します。
今日は、強弱などメリハリの付け方の規則性や意味の違いなどについて整理します。

> # 強弱で
> メリハリをつけよう

CD 77

英語では強く発音するところと、弱く発音するところが、はっきりしています。メリハリをつけて発音しましょう。

c**o**ntent

（中身）

SKT **カ**アンテンｔ

cont**e**nt

（満足して）

SKT カン**テ**ンｔ

☞これに対して、日本語は、下の例のように、強弱より高低で意味を使い分けることが多いのが特徴です。

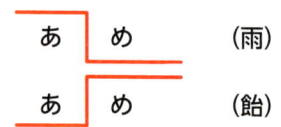

| あ | め | （雨） |
| あ | め | （飴） |

自然な発音をマスターしよう！ 第❸週

練習してみよう！

CD 77

アクセントの強弱を意識して、下の例でも練習してみましょう。

Welcome

（ようこそ）

SKT ウェウカム

Welcome back!

（おかえりなさい）

SKT ウェウカム ベアク

Welcome back to Tokyo!

（ようこそ東京におかえり）

SKT ウェウカム ベアク トゥ トゥキオウ

☞「東京に」と強調したいときは Tokyo のほうを強く発音します。

複合語のアクセント

　複数の単語が組み合わさって、1つの概念や意味を表す語句を、一般に「複合語」と言います。複合語は通常、はじめの単語を強く発音します。

White House

（ホワイトハウス）
SKT ゥ**ワイ**ㇳ　ハウス

→しかし、強弱を入れ替えると、特別な意味ではなく、（普通の）「白い家」という意味になります。

white house

（白い家）
SKT ゥ**ワイ**ㇳ　**ハウス**

自然な発音をマスターしよう！ 第❸週

練習してみよう！

CD 77

いくつか典型的な複合語を挙げてみます。

🔴 🔴

black board （黒板）
SKT ブレアク ボーアド

cherry blossoms （桜の花）
SKT チュエゥリィ ブヌラスムズ

door knob （ドアの取っ手）
SKT ドーァ ノアブ

driver's license （運転免許証）
SKT ヂュアイヴァズ ヌライスンス

morning call （モーニングコール）
SKT モーァネィング コーウ

summer school （夏期学校）
SKT スアマァ スクーウ

weather forecast （天気予報）
SKT ウェズァ ウォ～ケアスト

アクセントの移動

CD 78

　英語には、「強く発音する音節（音声のまとまり）は連続しない」というルールがあります。下の例では、New York の York を強く発音しますが、その後に、City という出だしを強く発音する単語が続いた場合には、York の発音が弱くなり、New のほうを強く発音するようになります。なお、New は「**ニュウ**」とも発音します。

New York → **New York City**
（ニューヨーク）　（ニューヨーク市）
SKT ヌウ **ヨー**アク　　**SKT** ヌウ ヨーアク **ス**ィティ

South East → **South East Asia**
（東南）　（ニューヨーク市）
SKT サウス **イース**ト　　**SKT** **サ**ウス イースト **エ**イジュア

202

自然な発音をマスターしよう！ 第❸週

練習してみよう！

CD 78

アクセントが前に移動することを意識して、Japanese を使った例で練習してみましょう。

Japanese は1つの単語ですが、Jap・a・nese と3音節でできており、① Jap と ③ nese の2か所にアクセントがあります。Japanese 単独だと、③ nese のほうを強く発音するので（第1アクセント）、アクセントの位置と大きさの関係が ●● のようになりますが、この Japanese に続く単語の出だしが強いと、アクセントの位置が入れ替わり、●● のようになります。

Japanese → **Japanese car**　　（日本車）
　　　　　　　ヂュエアパネィーズ カーァ

　　　　　　　Japanese culture　（日本文化）
　　　　　　　カウチュァ

　　　　　　　Japanese garden　（日本庭園）
　　　　　　　ガードンヌ

　　　　　　　Japanese restaurant（日本料理店）
　　　　　　　ゥ**レ**スチュラント

　　　　　　　Japanese student　（日本人学生）
　　　　　　　ストゥードントゥ

強弱で意味が変わる

CD 78

　文を読むとき、どこにアクセントを置くかで、意味が変わることがあります。下の文で、アクセントを置く場所を変えて、どんなニュアンスの変化があるか、考えてみてください。

Mr. Cook is over 50.

（クックさんは、50歳を超えている）

SKT ミェスタァ **クオ**ク イェズ **オ**ウヴァ **ヴィ**ゥティ

練習してみよう！

アクセントを置く部分が変わると、次のように文のニュアンスが変わります。

Mr. Cook is over 50.　ニュアンス

女性ではなく男性の Cook さんが…

Mr. **Cook** is over 50.　ニュアンス

Cook さんという名前の人が…

Mr. Cook **is** over 50.　ニュアンス

Cook さんは、現在 50 歳を超えている

Mr. Cook is **over** 50.　ニュアンス

50 歳以下ではなく、50 歳を超えている

Mr. Cook is over **50**.　ニュアンス

30 歳や 40 歳でなく、50 歳を超えている

今日の会話⓲

CD 79

加藤彰士さんは、自分で予約したホテルにやって来ました。今、ちょうどチェックインをしているところです。

Reception: Welcome to our hotel. ゥウェゥカム　タ　アゥア　ホウテゥ	いらっしゃいませ。
Shoji: I am Shoji Kato. I booked for two nights. アイム　ショウジ　カトゥ　アイ　ブォクト　ヴァ　トゥ　ナイツ	加藤彰士です。 2泊で予約しています。
Reception: Would you mind filling in this guest card? ゥウオチュ　マインド　ウィゥヌリィング　イェンネィス　グェスト　カーァド	この宿泊カードにご記入いただけますか？
Shoji: Sure... Here you go. シュア　ヒア　ィユウ　ゴウ	はい。
Reception: Thank you, Mr. Kato. スェアン キュウ　ミェスタァ　カトゥ	ありがとうございます、加藤様。
I upgraded you to an ocean view room アイ　アプグゥレイディチュゥ タ　アンノウシュンヌ　ヴュウ　ゥルウム with a free breakfast voucher. ゥウイズ　ァ　ゥウリー　ブゥレクヴァスト　ヴァウチュァ	お部屋を無料朝食券付きのオーシャン・ビューにアップグレードしておきました。
Shoji: That's wonderful! ズェアツ　ゥワンダァゥウ	それはすばらしい。
What time does the restaurant start ゥワト　タイム　ダズ　ズァ　ゥレスチュアント　スターアト serving breakfast? サ〜ヴィング　ブゥレクヴァスト	レストランの朝食は何時からですか？
Reception: The restaurant opens at seven in the morning. ズア　ゥレスチュアント オウプンズァト　セヴン　ネィン　ナ　モーァネィング	朝7時からです。

解説 ■ Would you mind ...ing? は、「(相手に) …していただけませんか」と丁寧にお願いする表現。■ Here you go. は、「(ものを渡すときなど) はい、どうぞ」。■ upgrade you to... は「あなたの部屋や座席などを…にアップグレードする」。■ voucher は、discount voucher/gift voucher/cash voucher などの利用券や交換券のほか、voucher for payment など、領収書の意味でも使われる。■そのレストランは、毎日定時に開くので、will open ではなく、opens と現在形になる。

第❸週
【仕上げ編】
自然な発音をマスターしよう！

21日目

CD 80

イントネーション

今日の練習内容

英語では、同じ文でも、イントネーションやリズムによって、意味やニュアンスが変わることがあります。
今日は、イントネーションの移動について、整理するとともに、選択疑問文や、付加疑問文、列挙文などについても練習します。

イントネーションで ニュアンスが変わる

CD 81

同じ文でも、語尾のイントネーションを変えるだけで、伝わる意味が変わります。どのように変わるか、考えてみてください。

You are right.

（あなたは正しい）

SKT ィユウ アァ ゥ**ライ**ト

❶ You are right.
「やっぱりあなたが正しいね」などと断定的に言う場合

❷ You are right.
「本当にそうかなあ」といったニュアンス

❸ You are right?
「え、本当に正しいのかなあ？」と、ちょっと疑うようなニュアンス

また、答え方ひとつをとってみても、イントネーションが変わるとニュアンスが変わります。

No!

（いいえ）

SKT ノウ

❶ No! きっぱり否定する場合

❷ No! 柔らかく否定する場合

❸ No? 「違うの？」と、相手に尋ねたり、確認するような場合

付加疑問文

文末に、isn't it? や don't you? などと加えることで、相手に同調を求めたり、確認したりすることがあります。このとき、語尾を上げる場合と下げる場合で意味が変わります。

It was a nice story, ＋ **wasn't it?**

（いい話だったね）　　　　　　　　（違う？）

SKT イトウ ズァ ヌナイス ストゥリィ　　SKT ゥワズンネト

ある程度確信しているけれど、同調を求めるような場合
It was a nice story, wasn't it?
→「いい話だったよねえ」というニュアンス

確かではないので、相手に確認するような場合
It was a nice story, wasn't it?
→「いい話だったと思わないか？」というニュアンス

自然な発音をマスターしよう！ 第❸週

練習してみよう！

次の例でも、練習してみましょう。

You like it, don't you?
（好きでしょ？ 違う？）

SKT ィユウ ヌ**ライ** キェト **ドウン** チュウ

She doesn't mind, does she?
（彼女は気にしていないよ。違う？）

SKT シュイ **ダズン マ**インド **ダ**ス シュイ

He isn't coming, is he?
（彼は来ないよ。違う？）

SKT ヒ **イェ**ズン **カ**ミング **イェ**ズ ヒ

That's a good idea, isn't it?
（それはいいアイデアだ。違う？）

SKT ズ**ア** ツァ グォ ダイ**ディ**ア **イェ**ズンテイト

I didn't hurt you, did I?
（私はあなたを傷つけなかったよ。違う？）

SKT アイ **ディ**ディン ハ〜 チュウ **ディ** ダイ

選択疑問文と列挙文

「お茶とコーヒーのどっちにする？」など、二者択一の質問の場合は、最初の選択肢の語尾が上がります。

Which do you want?

（どっちがいい？）

SKT ウゥィチュ ドゥ イユウ ゥワント

Tea or coffee?

（お茶にする？ コーヒーにする？）

SKT ティ オァ カアゥﾟィ

練習してみよう！

アクセントを意識して、発音してみてください。

Which do you want? という質問に続けて

Right or left?
（右にする？ 左にする？）

SKT ゥ**ライ**ト オァ ヌ**レヴ**ト

Milk or sugar?
（ミルクにする？ 砂糖にする？）

SKT **メ**ウヶ オァ **シュガ**ァ

White or red?
（白にする？ 赤にする？）

SKT ゥ**ワイ** オァ ゥ**レエ**ド

Bus or train?
（バスにする？ 電車にする？）

SKT **バ**ス オァ **チュエ**インヌ

イントネーションの位置が動く

CD 82

質問によって、答えるときのイントネーションが変わることがあります。下の例を見てみましょう。

Who did this? → **I did.**

（誰がこれをしたの？）
SKT フウ ディド ズイェス

（私がしました）
SKT アイ ディド

普通は I did. ですが、ここでは「誰が〜した」と行為者がフォーカスされているので、I を強調します。次の場合はどうでしょうか。

I don't think he is happy.

（彼は幸せじゃないと思う）
SKT アイ ドウント スイェンク ヒ イェズ ヘアピィ

→ **Yes. He is happy.**

（いや、彼は幸せだと思う）
SKT イェス ヒ イェズ ヘアピィ

ここでは、「幸せじゃない（と思う）」と言っているのに対し、「幸せだ」と答えているので、is を強調します。

→ 英語の場合、肯定文の場合は常に Yes、否定文の場合は No で始めることに注意しましょう。

自然な発音をマスターしよう！ 第❸週

練習してみよう！

CD 82

アクセントの強弱を意識して、下の文を発音してみましょう。

Who did this?
SKT フウ **ディ**ド ズイエス

→ # I did.
アイ ディド

→ # Maki did.
マキ ディド

→ # Ken did.
ケン ディド

I don't think Ann is happy.
SKT アイ **ド**ウント スイエンク **エア**ン ネエズ **ヘア**ピィ

→ # Yes. Ann is happy.
ィ**エ**ス **エ**アン **ネエ**ズ **ヘア**ピィ

→ # No. Ann isn't happy.
ノウ **エ**アン **ネエ**ズント **ヘア**ピィ

今日の会話⓳

CD 83

加藤彰士さんは、出張中、偶然旧友に出会いました。Ken と Ann の関係に何か進展があったようです。

Ann:
What are you doing here, Shoji?
ゥワト ァ ィユウ ドゥイェング ヒァ ショウジ

彰士、ここで何してるの？

Shoji:
Ann? What a coincidence!
ェアンヌ ゥワラァ コウイェンスィダンス

What are you doing here?
ゥワ ラ ィユウ ドゥイェング ヒァ

アン？偶然だね。君こそ何してるの？

Ann:
Ken and I got married.
ケンナンナィ ガアト メアゥリイド

We are going on our honeymoon.
ゥウィ アァ ゴウイェング オンナァ ハネィムウンヌ

ケンと私は結婚して、新婚旅行に行くのよ。

Shoji:
You are? I didn't know that. Congratulations!
ィユウ アーァ アィ ディドントノウ ズェアト カングゥレアチュズレイシュンズ

そうだったの？知らなかったよ。おめでとう。

Ann:
Thank you.
スェアン キュウ

It has been a while, hasn't it?
イェト ハズ ビェンナ ゥワイゥ ヘアズン ネィト

ありがとう。

本当にしばらくぶりね。

Shoji:
Yes, it has been.
ィエス イェト ヘアズ ビェンヌ

そうだね。

Ann:
Is Maki still in school or working?
イェズ マキィ スティウ イェン スクーゥ オァ ゥワ〜キング

マキはまだ学校なの、それとももう働いているの？

Shoji:
She is studying here at university.
シュイー イェズ スタディイェング ヒァ アト ユウネィヴァ〜サティ

I'm flying to see her before I go back to Japan.
アィム ヴヌライェング タ スィー ハ〜 ビゥオーァ アィ ゴゥ ベアク タ チュペアンヌ

こっちの大学で勉強してるよ。日本に戻る前に会いに行くつもりだよ。

解説 ■今日の会話には、びっくりしたり、確認するための疑問文が多く含まれているので、気持ちを込めて、少し大げさかと思うくらいの気持ちで練習しよう。■第１文と第３文はともに What are you doing here? だが、アクセントの位置が違う。■ここでの You are? は、「驚いた」というニュアンスが入った疑問文なので、感情を込めて語尾を上げる。

音声学の世界的権威も認めた
SKT(Shimaoka Katakana Transcription)

島岡丘（言語学）博士の研究は、世界的にも高く評価されており、音声学の世界的権威である John C. Wells 博士（ロンドン大学言語学・音声学教室主任教授）も、論文（*"Phonetic transcription and Analysis." An Encyclopedia of Language and Linguistics,* Second Edition. Vol. 9. pp. 386-96.）の中で、島岡博士の研究成果を紹介しています。

島岡博士の研究は、まず、英語の母音・子音の音素（発音の最小単位）に注目することから始まりました。欧米で考えられた子音表は、音素のほかに異音が混在しており、必要以上の種類が含まれています。そこで島岡博士は、これまで母音にしか用いられてこなかった3・3四角形というマトリックスを、左右に3つ（唇を使う発音、舌先を使う発音、前舌・奥舌を使う発音）、上下に3つ（閉鎖音、摩擦音、接近音）の組み合わせで子音の発音を整理しました。

さらに、講義経験を通じて「日本語を母語とする話者には、音素のみの簡潔な整理に基づいた説明が望ましい」と考えるようになり、英語の音素を表す発音記号一つひとつに対応するカタカナ表記を SKT（Shimaoka Katakana Transcription）として考案し、これを体系化しました（218〜219 ページ参照）。r は「ゥル」、l は「ヌル」などしたほか、日本語の発音にない f については v のヴに似た「ゥﾟ」を新しく開発するなど、数々の工夫を取り入れたカタカナ表記を提唱しています。

Wells 博士は、島岡博士による音素分布の簡潔な整理とカナ表記による l と r の区別などに、特に関心を示し、前述の論文の中では、音声学研究と発音指導の新しい示唆として、島岡博士の3・3四角形の図（p. 388.）を紹介しています。

島岡メソッドは、こうした島岡博士の研究に基づいて編み出された、日本人のための新しい英語発音習得法です。

発音記号と SKT 表記の対応

母音の発音

発音記号

舌の位置		発音の位置 前		発音の位置 後	
高		i(:)			u:
			ɪ	ʊ	
		eɪ	ə:r		oʊ
			ə		
			e	ʌ	
低					ɔ:
		æ			
			aɪ	aʊ	ɑ(:)

⬇

SKT 表記

舌の位置		発音の位置 前		発音の位置 後	
高		**イ(ー)**			**ウゥ**
			イェ	**ウォ**	
		エイ	**ア~**		**オウ**
			ア		
			エ	**ア**	
低					**オー**
		ェ**ア**			
			アイ	**アウ**	(ァ)**ア**(ー)

SKTは発音記号一つひとつに対応するカタカナ表記です。下の図のように、英語の母音、子音の発音は、唇、舌先などの発音器官の場所や発音の仕方などによって、分類することができます。SKTでは、日本語の発音の特徴を研究することで、これらの英語の発音一つひとつに対応する表記を作成しました。(二重母音の一部は省略)

子音の発音

発音記号	唇を使う発音	舌先を使う発音	前舌・奥舌を使う発音
閉鎖音 閉じる音・息をためてから吐き出す音	m p b	n t　tʃ d　dʒ	ŋ k g
摩擦音 発音器官を摩擦させて継続させる音	f v	θ　s　ʊ ð　z　ʒ	h
接近音 摩擦音よりも空気の通る道が広い音	w	r l	j　(w)

⬇

SKT表記	唇を使う発音	舌先を使う発音	前舌・奥舌を使う発音
閉鎖音 閉じる音・息をためてから吐き出す音	ム プ ブ	ヌ・ンヌ トゥ　チュ トゥ　ヂュ	ング ク グ
摩擦音 発音器官を摩擦させて継続させる音	ウ ヴ	ス　ス　シュ ズ　ズ　ジュ	ハ
接近音 摩擦音よりも空気の通る道が広い音	ゥウ	ゥル ヌル	ィ　(ゥウ)

監修後記

　本書の企画は、「日本人は、こんなにたくさんの英語を知っているのに、なぜ英語を話せないと思っているのだろう？」という、娘の素朴な疑問と、日本人にもっと自信を持ってほしいという思いから始まりました。

　長年の研究成果を一から整理することに始まり、娘と二人三脚で3年の年月をかけ、さまざまな試行錯誤がありましたが、英語の発音に関する教材としては、年齢や英語の学習レベルとは関係なく、取り組みやすく、学習効果の高いものに仕上がったと思います。

　この本は、英語の発音をよくしたいと思っている社会人の皆さんだけでなく、試験対策として英語の発音を勉強したい受験生の皆さん、子どもにきちんとした英語を教えたい親御さん、これから英語を始めようとしている小中学生の皆さん、いずれの方々にとっても、役に立てていただける本です。

　そして、この本を卒業し、英語の力をさらに高めたいと思われる方には、お勧めしたいことが2つあります。

　一つは、英英辞典を使いこなすことです。本書をマスターすれば、母音、子音すべての発音がわかるようになりますので、それぞれの発音に相当する発音記号を覚えてしまえば、辞書に出てくるどんな単語でも、発音できるようになるはずです。また、ケンブリッジ英英辞典などの英英辞典では、それぞれの単語の説明に用いられる、いわゆる「定義語」は2,000語程度です。これら2,000語と簡単な文法さえ知っていれば、英英辞典に出てくるすべての単語を理解し、それらの説明から英語的な発想を学ぶこともできます。

もう一つは、英語に接する機会を増やすことです。周りを見渡せば、ラジオやテレビのニュース、映画、インターネット、新聞、雑誌など、英語が溢れており、その気になれば、生の英語に触れる機会はたくさんあります。そして、覚えた英語は、機会を作ってどんどん使ってみてください。休みに海外に行くという目標を立ててもいいですし、日本にいるネイティブの人たちと接する機会を作ってもいいでしょう。インターネットなどを通じて、海外の人と交流することもできるかもしれません。

　英語学習における最大の敵は、苦手意識です。日本人は、日々の生活の中で、すでに1,000語近い多くの英単語を知っています。ですから、日本語を使って英語の発音を簡単に学ぶことができるということに気付きさえすれば、ちょっとしたコツと少しの努力で、飛躍的に英語の力が付くのです。英語以外にも、食わず嫌いならぬ「単なる思い込みによる苦手意識」さえなければ、皆さんの中に眠っている能力が、同じように引き出されるかもしれませんね。

　この本は、身近な日本語を通して、単なる英語の発音教材という枠を超え、「通じるという自信」と「話す勇気」を与えてくれます。本書をきっかけとして、少しでも多くの日本人が、積極的に活動の幅を世界へと広げていくことを、心から願っています。

筑波大学名誉教授
島岡　丘

CDトラック84に島岡教授から読者のみなさんへのメッセージが収録されています。

【参考文献】

『Life Topics—A Critical Thinking Approach to English Proficiency』島岡丘・John Berman　南雲堂（2012）

『サンシャイン英和辞典』青木昭六・島岡丘ほか　開隆堂（2012）

『New Treasure（全5巻）』島岡丘・乾隆ほか　増進会（2012）

「ELEC 賞受賞とその後の課題：等価カナ・漢字表記で EAL 化― English as an Additional Language ―」島岡丘『英語展望』119（2011）

『語源で覚える―英単語飛躍増殖辞典』島岡丘　創拓社出版（2007）

『国際英語の音声学』島岡丘　南雲堂（2004）

『ワードパワー英英和辞典』島岡丘監修　増進会出版（2002）

『英語の発音と音声表記について― IPA+ と近似カナ表記』島岡丘　EPTA Bulletin No. 3（2000/7）pp. 15-38

『川柳で流暢英語のコツを詠む―川柳式英語の発音マスター法』島岡丘　洋販出版（1998）

『カタカナ活用：わかる通じる英会話』島岡丘　創拓社出版（1996）

『Practical English Usage (Second Edition)』Michael Swan　Oxford University Press（1995）

『リトルスター英絵辞典』島岡丘・鳥飼玖美子・飯田貴子共編　小学館（1993）

『統合的外国語教授法』John Dennis・島岡丘　大修館書店（1986）

『教室の英語音声学 Q&A』島岡丘　研究社出版（1986）

『英語学と英語教育』伊藤健三・島岡丘・村田勇三郎（共著・太田朗 監修）　大修館書店（1982）

『現代英語の音声―リスニングと発音』島岡丘　開隆堂出版（1978）

『Sunshine English Course』島岡丘ほか　開隆堂出版（1964 ～）

『Distinctive Features of Japanese Phonemes』島岡丘　Otsuka Review No. 3　東京教育大学院機関誌（1966/2）

本書に出てきた単語集

単語	カタカナ表記	SKT 表記	発音記号	意味	Day
A					
a.m.	エーエム	エイ**エ**ム	èɪ.ém	午前	15
about	アバウト	ア**バ**ウト	əbáʊt	～について	3
abroad	アブロード	アブ**ロ**ード	əbrɔ́ːd	海外へ	6
absolutely	アブソリュートリー	**エ**アブサ**ル**ウト**ヌ**リィ	æbsəlúːtli	確実に	19
across	アクロス	ア・クゥ**ロ**（ー）ス	əkrɔ́(ː)s	～の向こう側に	13
activity	アクティビティー	エアク**ティ**ヴァティ	æktívəti	活動	2
actually	アクチャリー	**エ**アクチュア**ヌ**リィ	ǽktʃuəli	実際に	3
add	アッド	**エ**アド	æd	加える	1
advisor	アドバイザー	アド**ヴァ**イザア	ədváɪzər	アドバイザー	1
again	アゲイン	ァ**ゲ**ンヌ	əgén	再び	5
aim	エイム	**エ**イム	eɪm	目的	6
air	エア	**エ**ァ	eər	空気	7
airport	エアポート	**エ**ァポーァト	éərpɔ̀ːrt	空港	5
alarm	アラーム	ア**ヌラ**ーァム	əláːm	アラーム、目覚まし時計	15
all	オール	**オ**ーゥ	ɔːl	すべての	1
almost	オーモスト	**オ**ーゥモゥスト	ɔ́ːlmoʊst	ほとんど	8
already	オーレディ	**ア**ーゥゥ**レ**ディ	ɔːlrédi	すでに	15
amoeba	アメーバ	ア**ミ**ーバァ	əmíːbə	アメーバ	4
and	アンド	**エ**アンド／アンド	ænd/ənd	～と	1
any	エニイ	**エ**ネィ	éni	いくらか	3
anything	エニシング	**エ**ネィスイエング	éniθɪŋ	何でも	1
are	アー	**ア**ーァ	ɑːr	be 動詞の二人称	1

223

単語	カタカナ表記	SKT 表記	発音記号	意味	Day
around	アラウンド	ア・ウ**ラ**ウンド	əráʊnd	～の周りに	8
arrive	アライブ	ア・ウ**ラ**イヴ	əráɪv	到着する	15
as	アズ	**エア**／**ア**ズ	æz/əz	～としての	9
Asia	アジア	**エイ**ジュア	éɪʒə	アジア	6
ask	アスク	**エア**スク	æsk	尋ねる	1
available	アベイラブル	ァ**ヴェイ**ヌ**ラ**ブウ	əvéɪləbl	空いている、利用できる	8
B back	バック	**ベア**ク	bæk	うしろ	1
bacon	ベーコン	**ベイ**カンヌ	béɪkən	ベーコン	6, 18
bail	ベイル	**ベイ**ウ	beɪl	保釈する	15
bake	ベーク	**ベイ**ク	beɪk	焼く	13
Bali	バリ	**バア**ヌ**リ**ィ	báːli	バリ島	19
ball	ボール	**ボー**ウ	bɔːl	ボール	8
ban	バン	**ベア**ンヌ	bæn	禁止	9
basement	ベイスメント	**ベイ**スマント	béɪsmənt	地下	6
beads	ビーズ	**ビー**ツ	biːdz	bead（ビーズ）の複数形	11
bear	ベア	**ベ**ア	beər	熊	7
beat	ビート	**ビー**ト	biːt	打つ	3
beats	ビーツ	**ビー**ツ	biːts	beat（打つ）の三人称単数現在形	11
beautiful	ビューティフル	**ビュウ**ティヴウ	bjúːtəfl	美しい	5
become	ビカム	**ビ**カム	bɪkʌ́m	～になる	11
been	ビーン	**ビェ**ンヌ／**ビ**ンヌ	bɪn	be 動詞の過去分詞形	4, 21
beer	ビール	**ビェ**ア	bɪər	ビール	7
before	ビフォー	ビ**ヴォ**ーア	bɪfɔ́ːr	～の前に	15
being	ビーイング	**ビー**イェング	bíːɪŋ	存在	12
believe	ビリーブ	ビヌ**リ**ーヴ	bɪlíːv	信じる	4, 9
best	ベスト	**ベ**スト	best	最上の	9
bet	ベット	**ベエ**ト	bet	賭け	9

単語	カタカナ表記	SKT表記	発音記号	意味	Day
better	ベター	ベラァ	bétər	よりよく	3, 18
bids	ビッズ	ビェヅ	bɪdz	bid（入札）の複数形	11
big	ビッグ	ビェグ	bɪg	大きい	2, 12, 13
bird	バード	バ〜ド	bəːrd	鳥	7
bit	ビット	ビェト	bɪt	少し、ちょっと	9
bite	バイト	バイト	baɪt	かむ	2
bits	ビッツ	ビェヅ	bɪts	bit（小片）の複数形	11
black	ブラック	ブㇾアク	blæk	黒い	20
bleed	ブリード	ブㇼード	bliːd	出血する	14
blocks	ブロックス	ブラクス	blɑks	block（ブロック）の複数形	14
blossom	ブロッサム	ブラスム	blɑsəm	花	20
blue	ブルー	ブㇽウ	bluː	青	3
board	ボード	ボーアド	bɔːrd	板	20
boat	ボート	ボウト	boʊt	ボート	6, 9
book	ブック	ブォク	bʊk	本	3, 6
boom	ブーム	ブウム	buːm	ブーム	6
both	ボース	ボウス	boʊθ	両方とも	5
bowl	ボール	ボウウ	boʊl	ボウル	15
boy	ボーイ	ボオイ	bɔɪ	男の子	5
breach	ブリーチ	ブㇼーチュ	briːtʃ	違反	12
breakfast	ブレックファスト	ブㇾクヴァスト	brékfəst	朝食	20
breaking	ブレーキング	ブㇾイキェング	bréɪkɪŋ	break（壊す）の現在分詞形	2
breathe	ブリーズ	ブㇼーズ	briːð	息をする	10
breather	ブリーザー	ブㇼーザア	bríːðər	息抜き	10
breeze	ブリーズ	ブㇼーズ	briːz	そよ風	10
bride	ブライド	ブライド	braɪd	花嫁	14
bridge	ブリッジ	ブㇼェヂュ	brɪdʒ	橋	12

単語	カタカナ表記	SKT表記	発音記号	意味	Day
bus	バス	**バス**	bʌs	バス	21
busy	ビジー	**ビェズィ**	bízi	忙しい	4
but	バット	**バト**	bʌt	しかし、でも	3
cable	ケーブル	**ケイブウ**	kéɪbl	ケーブル	16
cake	ケーキ	**ケイク**	keɪk	ケーキ	1, 19
call	コール	**コーウ**	kɔːl	呼ぶ、電話	1, 20
came	ケーム	**ケイム**	keɪm	come（来る）の過去形	12
Canada	カナダ	**ケアナダ**	kǽnədə	カナダ	1
candidates	キャンディデーツ	**ケアンディダツ**	kǽndɪdəts	candidate（候補者）の複数形	9
cane	ケーン	**ケインヌ**	keɪn	杖	12
car	カー	**カーァ**	kɑːr	車	1, 20
card	カード	**カーァド**	kɑːrd	カード	11
cards	カーズ	**カーァヅ**	kɑːrdz	card（カード）の複数形	11
cars	カーズ	**カーァズ**	kɑːrz	car（車）の複数形	11
cash	キャッシュ	**ケアシュ**	kæʃ	現金	20
cause	コーズ	**コーズ**	kɔːz	引き起こす	10
certainly	サータンリー	**サ〜トンヌリィ**	sə́ːrtnli	必ず	19
challenge	チャレンジ	**チュエアヌレンヂュ**	tʃǽləndʒ	挑戦、仕事、課題	19
charity	チャリティ	**チュエアゥラティ**	tʃǽrəti	慈善	13
check	チェック	**チュエク**	tʃek	検査する、確認する	15
cheese	チーズ	**チュイーズ**	tʃiːz	チーズ	18
cherry	チェリー	**チュエゥリィ**	tʃéri	チェリー	13, 20
children	チルドレン	**チュウチュアンヌ**	tʃíldrən	child（子ども）の複数形	13
church	チャーチ	**チュァ〜チュ**	tʃə́ːrtʃ	教会	13
city	シティ	**スィティ**	síti	都市	20
clock	クロック	**クヌラァク**	klɑk	時計	15
close	クローズ	**クヌロウズ**	kloʊz	閉まる	15

巻末単語リスト

単語	カタカナ表記	SKT表記	発音記号	意味	Day
cloudy	クラウディー	ク^ヌ**ラウ**ディ	kláʊdi	曇っている	5
club	クラブ	ク^ヌ**ラ**ブ	klʌb	クラブ	14
clue	クルー	ク^ヌ**ル**ウ	kluː	手がかり	3, 14
coat	コート	**コウ**ト	koʊt	コート	6
coffee	コーヒー	**カ**アヴィ	káfi	コーヒー	12
coin	コイン	**コ**イン^ヌ	kɔin	コイン	6
coincidence	コインシデンス	コゥ**イ**エンスィダンス	kòʊínsɪdəns	一致	21
cold	コールド	**コウ**ゥド	koʊld	冷たい	12
collect	コレクト	カ^ズ**レ**クト	kəlékt	集める	8
come	カム	**カ**ム	kʌm	来る	1
company	カンパニー	**カ**ムパネイ	kʌ́mpəni	会社	19
congratulations	コングラチュレーションズ	カングゥ**レア**チュ^ズ**レ**イシュンズ	kəngrǽtʃʊléɪʃnz	おめでとう	21
content	コンテント	**カ**アンテント	kɑ́ntent	中身	20
content	コンテント	カン**テ**ント	kəntént	満足して	20
cook	クック	**クオ**ク	kʊk	料理する	3, 6
cool	クール	**クウ**ゥ	kuːl	涼しい、落ち着いた	17
copies	コピーズ	**カ**アピィズ	kɑ́pɪz	copy（コピー、原稿）の複数形	12
corner	コーナー	**コー**アナァ	kɔ́ːrnər	角	8
corporate	コーポレート	**コー**アパゥレト	kɔ́ːpərət	法人の、企業の	19
corporation	コーポレーション	**コー**アパゥ**レ**イシュン^ヌ	kɔ̀ːrpəréɪʃn	法人、団体	16
correct	コレクト	カゥ**レ**クト	kərékt	正しい	8
cost	コスト	**カア**スト	kɔst	費用	5
cotton	コットン	**カア**トン^ヌ	kʌ́tn	綿	18
counter	カウンター	**カ**ウンタァ	káʊntə	カウンター	15
course	コース	**コー**アス	kɔːrs	もちろん、方向	10
court	コート	**コー**アト	kɔːrt	裁判	7
cow	カウ	**カ**ウ	kaʊ	牛	5

単語	カタカナ表記	SKT 表記	発音記号	意味	Day
crape	クレープ	**クゥレイプ**	kreɪp	クレープ	14
cue	キュー	**キュウ**	kju:	合図、並ぶ	3
culture	カルチャー	**カウチュア**	kʌ́ltʃər	文化	20
cup	カップ	**カプ**	kʌp	カップ	12
cute	キュート	**キュウト**	kju:t	かわいい	3
cutter	カッター	**カタァ**	kʌ́tər	カッター	18
date	デート	**デイト**	deɪt	日にち、デート	1
day	デイ	**デイ**	deɪ	日	1
deal	ディール	**ディーウ**	di:l	取引	15
dear	ディア	**ディエア**	dɪər	親愛な	7
decision	デシジョン	ディス**ィ**ジュンᵌ	dɪsíʒn	決定、決心	13
deem	ディーム	**ディーム**	di:m	見なす	11
department	デパートメント	ディパーアトマント	dɪpáːrtmənt	部、課	16
did	ディッド	**ディド**	dɪd	do（する）の過去形	3, 11
discount	ディスカウント	ディス**カ**ウント	dískaʊnt	割引	20
do	ドゥ	**ドゥウ**	du:	～する	2
doctor	ドクター	**ダ**アクタァ	dɑ́ktər	医者	17
doing	ドゥーイング	**ドゥ**イエング	dúːɪŋ	do（する）の現在分詞形	11
dollars	ダラーズ	**ダー**ᵌラァズ	dɑ́lərz	dollar（ドル）の複数形	19
dome	ドーム	**ドウム**	doʊm	ドーム	5
door	ドア	**ドーア**	dɔ:r	ドア	7, 20
doubt	ダウト	**ダウト**	daʊt	疑い	17
drain	ドレイン	**ヂュエイン**ᵌ	dreɪn	排水管	14
drink	ドリンク	**ヂュイ**エンク	drɪŋk	飲み物	18
drip	ドリップ	**ヂュイプ**	drɪp	滴る	14
driving	ドライビング	**ヂュアイヴィ**ング	dráɪvɪŋ	drive（運転する）の現在分詞形	20
drop	ドロップ	**ヂュアプ**	drɑp	落とす	5

単語	カタカナ表記	SKT表記	発音記号	意味	Day
dropping	ドロッピング	**デュァアピェング**	drɑ́pɪŋ	drop（落とす）の現在分詞形	14
dry	ドライ	**デュアイ**	draɪ	乾かす	14
E each	イーチ	**イーチュ**	iːtʃ	おのおの	2
earn	アーン	**ァ～ンヌ**	ə:rn	稼ぐ	7
east	イースト	**イースト**	iːst	東	6, 20
easy	イージー	**イーズィ**	íːzi	簡単な	17
eat	イート	**イート**	iːt	食べる	4
education	エジュケーション	**エデュケイシュンヌ**	èdʒʊkéɪʃn	教育	13
egg	エッグ	**エーグ**	eg	卵	18
eight	エイト	**エイト**	eɪt	8	6
enjoy	エンジョイ	**インデュオイ**	ɪndʒɔ́ɪ	楽しむ	5
event	イベント	**イヴェント**	ɪvént	イベント	13
exam	エグザム	**イグゼアム**	ɪgzǽm	試験	4
F face	フェイス	**ヴェイス**	feɪs	顔	9
fat	ファット	**ヴェアト**	fæt	太った	9
favor	フェイバー	**ヴェイヴァ**	féɪvə	親切な行為	12, 19
feel	フィール	**ヴィーウ**	fiːl	感じる	4
fence	フェンス	**ヴェンス**	fens	フェンス	9
filling	フィリング	**ヴィェウヌリング**	fílɪŋ	fill（記入する）の現在分詞形	20
fish	フィッシュ	**ヴィェシュ**	fɪʃ	魚	12
fit	フィット	**ヴィエト**	fɪt	合う、適合する	9
flight	フライト	**ヴヌライト**	flaɪt	フライト	15
flour	フラワー	**ヴヌラウァ**	fláʊər	小麦粉	7
flower	フラワー	**ヴヌラウァ**	fláʊər	花	14
flying	フライング	**ヴヌライエング**	fláɪɪŋ	fly（飛行する）の現在分詞形	21
food	フード	**ヴウド**	fuːd	食べ物	18
forecast	フォーキャスト	**ヴォーァケアスト**	fɔ́ːrkæst	予報	20

単語	カタカナ表記	SKT表記	発音記号	意味	Day
free	フリー	**ヴゥリー**	fri:	無料の	20
friend	フレンド	**ヴゥレンド**	frend	友人	5, 7
friends	フレンズ	**ヴゥレンヅ**	frendz	friend（友人）の複数形	11
fright	フライト	**ヴゥライト**	fraɪt	恐怖	14
frog	フロッグ	**ヴゥラアグ**	frɑg	カエル	14
from	フロム	**ヴゥラム／ヴム**	frɑm/fm	～から	1, 19
G game	ゲーム	**ゲイム**	geɪm	ゲーム	2
garden	ガーデン	**ガーアドンヌ**	gá:rdn	庭	20
get	ゲット	**ゲエト**	get	～に達する、得る	2, 4
gift	ギフト	**ギェヴゥト**	gɪft	贈り物	17
given	ギブン	**ギェヴンヌ**	gɪvn	give（与える）の過去分詞形	11
gladly	グラッドリィ	**グヌラドヌリィ**	glǽdli	喜んで	14
glue	グルー	**グヌルー**	glu:	接着剤	14
go	ゴー	**ゴウ**	goʊ	行く、進む	3
going	ゴーイング	**ゴウイエング**	góʊɪŋ	go（進む）の現在分詞形	2
gold	ゴールド	**ゴウゥド**	goʊld	金	12
good	グッド	**グォド**	gʊd	よい	5, 11
got	ゴット	**ガアト**	gɑt	get（得る）の過去形	9
grandmother	グランドマザー	**グゥランマザァ**	grǽndmʌ̀ðər	祖母	14
grape	グレープ	**グゥレイプ**	greɪp	ブドウ	14
great	グレイト	**グゥレイト**	greɪt	偉大な	6
Greg	グレッグ	**グゥレグ**	greg	グレッグ（人名）	12
guess	ゲス	**ゲス**	ges	推測する	3
guest	ゲスト	**ゲスト**	gest	ゲスト	20
H had	ハッド	**ヘアド**	hæd	have（持つ）の過去形・過去分詞形	3
ham	ハム	**ヘアム**	hæm	ハム	18
hand	ハンド	**ヘアンド**	hænd	手	18

単語	カタカナ表記	SKT 表記	発音記号	意味	Day
happy	ハッピー	ヘアピィ	hǽpi	幸せな	1, 21
hard	ハード	ハーアド	hɑːrd	難しい	3
hat	ハット	ヘアト	hæt	帽子	9, 11
hats	ハッツ	ヘアツ	hæts	hat（帽子）の複数形	11
have	ハブ	ヘアヴ	hæv	持つ	1
healthy	ヘルシー	ヘウスィ	hélθi	健康な	4
heard	ハード	ハ〜ド	həːrd	hear（聞く）の過去形・過去分詞形	7
heat	ヒート	ヒート	hiːt	熱	4
heel	ヒール	ヒーウ	hiːl	かかと	8
height	ハイト	ハイト	haɪt	高さ	6
help	ヘルプ	ヘウプ	help	助ける	16
hen	ヘン	ヘンヌ	hen	めんどり	9
here	ヒヤ	ヒァ	hɪər	ここに、ここで	1, 21
hesitate	ヘジテイト	ヘズァテイト	hézətèɪt	ためらう	1
hi	ハイ	ハアイ	haɪ	やあ、こんにちは	1
hit	ヒット	ヒエト	hɪt	ヒット、打つ	2
hockey	ホッケー	ハキィ	háki	ホッケー	4
hold	ホールド	ホウド	hoʊld	保留する、握る	16
holiday	ホリデイ	ハアヌラディ	hálədeɪ	休日	6
home	ホーム	ホウム	hoʊm	家	5
honeymoon	ハネムーン	ハネィムウンヌ	hʌ́nimuːn	新婚旅行	21
honest	オネスト	アアネスト	ɑnəst	正直な	7
honor	オーナー	アアナァ	ɑnər	名誉	7
hop	ホップ	ハアプ	hɑp	軽く跳ぶ	5
hope	ホープ	ホウプ	hoʊp	望む	2
hopping	ホッピング	ハアピェング	hɑ́ːpɪŋ	hop（軽く跳ぶ）の現在分詞形	5
hot	ホット	ハアト	hɑt	熱い	15

単語	カタカナ表記	SKT 表記	発音記号	意味	Day
hotel	ホテル	ホウテウ	houtél	ホテル	19, 20
hour	アワー	**アウァ**	áʊər	時間	7
house	ハウス	ハウス	haʊs	家	20
how	ハウ	**ハウ**	haʊ	どのように	3, 5
human	ヒューマン	**ヒュウマン**ヌ	hjúːmən	人間	3
hurt	ハート	ハ〜ト	həːrt	傷付ける	21
I	アイ	**アイ**	aɪ	私は	1
ice	アイス	**アイス**	aɪs	氷	2
icon	アイコン	**アイカン**ヌ	áɪkɑn	アイコン	2
idea	アイデア	アイ**ディ**ァ	aɪdíːə	考え、アイデア	17
if	イフ	イェウ゛	ɪf	もし	2
information	インフォメーション	**イェンヴァメイシュン**ヌ	ìnfərméɪʃn	情報、インフォメーション	15
interesting	インタレスティング	**イェンタゥレスティエング**	íntərèstɪŋ	興味深い	2
Internet	インターネット	**インナーネト**	íntərnèt	インターネット	18
intrusion	イントルージョン	イェン**チュウジュン**ヌ	ɪntrúːʒn	侵入	13
it	イット	イェト	ɪt	それ	3
Japan	ジャパン	**ヂュペアン**ヌ	dʒəpǽn	日本	21
Japanese	ジャパニーズ	**ヂュエアパネィーズ**	dʒæpəníːz	日本の、日本語	20
job	ジョブ	**ヂュア**ブ	dʒɑb	仕事	15
join	ジョイン	**ヂュオイン**ヌ	dʒɔɪn	参加する	13
June	ジューン	**ヂュウン**ヌ	dʒuːn	6月	3
just	ジャスト	**ヂュア**スト	dʒʌst	ちょうど	1
Kaya	カヤ	**カヤ**	kɑːə	カーヤ（人名）	12
keep	キープ	**キー**プ	kiːp	守る、とっておく	4
Key	キー	**キー**	kiː	鍵	4
kick	キック	**キェ**ク	kɪk	蹴る	2
kidding	キディング	**キェディング**	kídɪŋ	kid（からかう）の現在分詞形	17

単語	カタカナ表記	SKT 表記	発音記号	意味	Day
kids	キッズ	**キエヅ**	kɪdz	kid（子ども）の複数形	11
kind	カインド	**カインド**	kaɪnd	種類	2
kit	キット	**キエト**	kɪt	道具	0
kits	キッツ	**キエツ**	kɪts	kit（道具）の複数形	11
knob	ノブ	**ノアブ**	nɑb	ノブ	20
know	ノウ	**ノウ**	noʊ	知っている	2
Kyoto	キョート	**キオウトウ**	kióʊtoʊ	京都	5
L last	ラスト	ⁿ**レアスト**	læst	直前の、最後の	8
late	レイト	ⁿ**レイト**	leɪt	遅い、遅れた	12, 15, 18
leader	リーダー	ⁿ**リーダア**	líːdər	リーダー	9
learn	ラーン	ⁿ**ラ～ンⁿ**	ləːrn	学ぶ	7
leave	リーブ	ⁿ**リーヴ**	liːv	離れる	4
left	レフト	ⁿ**レヴト**	left	左	21
let	レット	ⁿ**レエト**	let	～させる	8, 11
let's	レッツ	ⁿ**レエツ**	lets	～しよう	8, 18
license	ライセンス	ⁿ**ライスンス**	láɪsns	免許	20
light	ライト	ⁿ**ライト**	laɪt	光、軽い	8
like	ライク	ⁿ**ライク**	laɪk	～を好む	15
line	ライン	ⁿ**ラインⁿ**	laɪn	線、回線	16
live	リブ	ⁿ**リエヴ**	lɪv	住んでいる	2
location	ロケーション	ⁿ**ロウケイシュンⁿ**	lòʊkéɪʃn	場所	13
lock	ロック	ⁿ**ロアク**	lɑk	錠	8
log	ログ	ⁿ**ロアグ**	lɑg	丸太	12
long	ロング	ⁿ**ローング**	lɑːŋ	長い	12
look	ルック	ⁿ**ルオク**	lʊk	見る、理解する	6
lose	ルーズ	ⁿ**ルウズ**	luːz	失う	17
lots	ロッツ	ⁿ**ラアツ**	lɑts	たくさんのこと・もの	11

単語	カタカナ表記	SKT表記	発音記号	意味	Day
love	ラヴ	ヌラヴ	lʌv	愛する	1
lovely	ラブリー	ヌラヴヌリィ	lʌ́vli	すてきな	17
luck	ラック	ヌラアク	lʌk	幸運	3
M machine	マシーン	マシュイーンヌ	məʃíːn	機械	4
mad	マッド	メアド	mæd	怒り	11
many	メニィ	メネィ	méni	たくさんの	13
married	マリード	メアゥリィド	mǽrɪd	結婚している	21
mat	マット	メアト	mæt	マット	11
may	メイ	メイ	meɪ	～かもしれない	10
me	ミー	ミー	miː	私に、私を	1
mean	ミーン	ミーンヌ	miːn	意味する、意地悪な	3, 17
meat	ミート	ミート	miːt	肉	4
member	メンバー	メエムバァ	mémbər	メンバー	4
menu	メニュー	メニュウ	ménjuː	メニュー	19
message	メッセージ	メスィヂュ	mésɪdʒ	メッセージ	16
mice	マイス	マイス	maɪs	mouse（ハツカネズミ）の複数形	12
mile	マイル	マイウ	maɪl	マイル	8
milk	ミルク	メウク	mɪlk	ミルク	8, 18, 21
mind	マインド	マインド	maɪnd	気持ち、いやだと思う	2
minute	ミニット	メネェト	mínɪt	分	11
minutes	ミニッツ	メネェツ	mínɪts	minute（分）の複数形	11
miracle	ミラクル	ミェゥラクゥ	mírəkl	奇跡	17
mom	マム	マアム	mɑm	母の	5
Monday	マンデイ	マンディ	mʌ́ndeɪ	月曜日	19
money	マネー	マネィ	mʌ́ni	お金	4
monkey	モンキー	マンキィ	mʌ́ŋki	サル	4
months	マンス	マンツ	mʌnts	month（月）の複数形	11

単語	カタカナ表記	SKT表記	発音記号	意味	Day
moon	ムーン	**ムウン^ヌ**	muːn	月	12
more	モア	**モーア**	mɔːr	もっと多くの	3
morning	モーニング	**モーアネイング**	mɔ́ːrnɪŋ	朝	15, 20
much	マッチ	**マチュ**	mʌtʃ	多くの	3
music	ミュージック	**ミュウズイク**	mjúːzɪk	音楽	3
must	マスト	**マスト**	mʌst	～しなければならない	4
Ⓝ name	ネーム	**ネイム**	neɪm	名前	1, 16
need	ニード	**ネィード**	niːd	必要とする	4
net	ネット	**ネエト**	net	ネット	8
new	ニュー	**ヌウ（ニュウ）**	n(j)uː	新しい	4
New York	ニューヨーク	**ヌウ（ニュウ）ヨーアク**	n(j)ùː jɔːrk	ニューヨーク	20
news	ニュース	**ヌウズ（ニュウズ）**	n(j)uːz	ニュース	4
next	ネクスト	**ネクスト**	nekst	次の	3
nice	ナイス	**ナイス**	naɪs	すてきな	8, 12
night	ナイト	**ナイト**	naɪt	夜	19
no	ノー	**ノウ**	noʊ	少しもない	3
none	ナン	**ナン^ヌ**	nʌn	何も～ない	17
noon	ヌーン	**ヌウン^ヌ**	nuːn	昼	12
not	ノット	**ナァト**	nɑt	～でない	2
note	ノート	**ノウト**	noʊt	メモ、注釈	11
notes	ノーツ	**ノウツ**	noʊts	note（メモ、注釈）の複数形	11
now	ナウ	**ナウ**	naʊ	今	5
Ⓞ occasion	オケイジョン	**アケイジュン^ヌ**	əkéɪʒn	場合	13
ocean	オーシャン	**オウシュン^ヌ**	óʊʃn	大洋	20
off	オフ	**ァアヴ**	ɑːf	休みの、離れた	10
offer	オファー	**ァアヴァ**	ɑːfər	提供する	19
oil	オイル	**オイウ**	ɔɪl	油	6

単語	カタカナ表記	SKT 表記	発音記号	意味	Day
OK	オーケー	**オウケイ**	òʊkéɪ	オーケー、了解	12, 16, 18, 19
old	オールド	**オウド**	oʊld	古い	8
option	オプション	**アァプシュンヌ**	ɑ́pʃn	オプション、選択	19
order	オーダー	**オーアダァ**	ɔːrdər	注文	15
other	アザー	**アズア**	ʌðər	他の	2
over	オーバー	**オウヴァ**	óʊvər	〜より上の	20
ⓟ park	パーク	**パーアク**	pɑːrk	公園	1
particular	パーティキュラー	**パティキュヌラァ**	pətíkjʊlər	特定の	17
pat	パット	**ペアト**	pæt	軽くたたく	9
peace	ピース	**ピース**	piːs	平和	10
pear	ペア	**ペア**	peər	梨	7
peas	ピーズ	**ピーズ**	piːz	pea（豆）の複数形	10
peer	ピア	**ピェア**	pɪər	同等の人、同僚	7
pen	ペン	**ペンヌ**	pen	ペン	9
people	ピープル	**ピープウ**	píːpl	人々	4
per	パー	**パァ**	pəːr	〜につき	19
perfect	パーフェクト	**パ〜ヴェクト**	pə́ːrfekt	完璧な	17
pet	ペット	**ペエト**	pet	ペット	4, 9
pick	ピック	**ピエク**	pɪk	つまむ	12
picked	ピックト	**ピエクト**	pɪkt	pick（選ぶ、採集する）の過去形・過去分詞形	9
picnic	ピクニック	**ピエクネイク**	píknɪk	ピクニック	10
pie	パイ	**パアイ**	paɪ	パイ	13
piece	ピース	**ピース**	piːs	一片	6, 19
pig	ピッグ	**ピエグ**	pɪɡ	ブタ	12
place	プレイス	**プヌレイス**	pleɪs	場所	14, 18
plane	プレイン	**プヌレインヌ**	pleɪn	飛行機	7
planning	プランニング	**プヌラネィング**	plǽnɪŋ	plan（計画する）の現在分詞形	10

巻末単語リスト

単語	カタカナ表記	SKT表記	発音記号	意味	Day
plans	プラン	**プ˺レアンズ**	plænz	計画	5
play	プレイ	**プ˺レイ**	pleɪ	遊ぶ	2
plead	プリード	**プ˺リード**	pliːd	嘆願する	14
please	プリーズ	**プ˺リーズ**	pliːz	どうぞ、どうか	15, 16
poor	プア	**プァ**	pʊər	貧しい	7
position	ポジション	**パ˺ズィエシュン˺**	pəzíʃn	ポジション、位置	9
possible	ポッシブル	**パアサブゥ**	pάsəbl	あり得る、可能性がある	9
potential	ポテンシャル	**パテンシュウ**	pəténʃl	潜在力	9
pour	ポア	**ポーア**	pɔːr	注ぐ	7
pride	プライド	**プゥライド**	praɪd	誇り	14
problems	プロブレム	**プゥラブ˺ラムズ**	prάbləmz	problem（問題）の複数形	10
project	プロジェクト	**プゥラヂュエクト**	prάdʒekt	プロジェクト	11
proud	プラウド	**プゥラウド**	praʊd	誇りに思う	3, 19
pull	プル	**ポウ**	pʊl	引く	3
push	プッシュ	**ポシュ**	pʊʃ	押す	3
put	プット	**ポト**	put	置く	16
Q qualified	クアリファイド	**クウァ˺リヴァイド**	kwάlɪfàɪd	資格のある	9
quay	キー	**キー**	kiː	波止場	4
quick	クイック	**クウイエク**	kwɪk	迅速な	18
R rate	レート	**ゥレイト**	reɪt	レート、料金	19
ray	レイ	**ゥレイ**	reɪ	光線	8
ready	レディー	**ゥレディ**	rédi	用意ができている	4
really	リアリー	**ゥリァ˺リィ**	ríəli	本当に	4
receive	レシーブ	**ゥリスィーヴ**	risíːv	受け取る	4, 6
red	レッド	**ゥレエド**	red	赤	21
remember	リメンバー	**ゥリメムバァ**	rimémbər	覚えている	4
reservation	リザベーション	**ゥリザヴェイシュン˺**	rèzəvéɪʃn	予約	8, 19

237

単語	カタカナ表記	SKT表記	発音記号	意味	Day
restaurant	レストラン	**ゥレスタゥラント**	réstrɑnt	レストラン	20
results	リザゥヴ	**ゥリザゥツ**	rizʌlts	result（結果、成果）の複数形	6
right	ライト	**ゥライト**	raɪt	右、正しい	8, 21
rock	ロック	**ゥロアク**	rɑk	岩	8
room	ルーム	**ゥルウム**	ru:m	部屋	19, 20
rope	ロープ	**ゥロウプ**	roʊp	ロープ	5
run	ラン	**ゥランヌ**	rʌn	走る	12
running	ランニング	**ゥランネイング**	rʌ́nɪŋ	run（走る）の現在分詞形	12
Russian	ロシアン	**ゥラシュアンヌ**	rʌ́ʃiən	ロシアの、ロシア料理	8
S sake	セイク	**セイク**	seɪk	目的	13
sales	セール	**セイウズ**	seɪls	営業、販売	16
same	セイム	**セイム**	seɪm	同じ	12, 13
sandwich	サンドウィッチ	**セアンゥウィチュ**	sǽnwɪdʒ	サンドウィッチ	18
sane	セイン	**セインヌ**	seɪn	正気の	12
scarves	スカーブズ	**スカーァヴズ**	skɑ:rvz	scarf（スカーフ）の複数形	17
school	スクール	**スクーウ**	sku:l	学校	20, 21
sea	シー	**スィー**	si:	海	13
seat	シート	**スィート**	si:t	席	10
second	セカンド	**スエカンド**	sékənd	ちょっとの間、秒、第2番目の	10
secretary	セクレタリー	**スエクゥレタゥリィ**	sékrətèri	秘書	15
see	シー	**スィー**	si:	見える	6, 11
seed	シード	**スィード**	si:d	種	11
seeds	シーズ	**スィーツ**	si:dz	seed（種）の複数形	11
seem	シーム	**スィーム**	si:m	～のように見える	10
sees	シーズ	**スィーズ**	si:z	see（見る）の三人称単数現在形	11
service	サービス	**サ〜ァヴィス**	sə:rvɪs	サービス	15
serving	サービング	**サ〜ヴィング**	sə:rvɪŋ	serve（供する）の現在分詞形	20

巻末単語リスト

単語	カタカナ表記	SKT 表記	発音記号	意味	Day
set	セット	**スエ**ト	set	一式	4, 15
seven	セブン	**セヴン**ヌ	sévn	7	20
shake	シェイク	**シュエイ**ク	ʃeɪk	振る	13
shame	シェイム	**シュエイ**ム	ʃeɪm	恥	13
she	シー	**シュイ**ー	ʃi:	彼女は	13
shirt	シャツ	**シュア**〜ト	ʃə:rt	シャツ	18
shop	ショップ	**シュア**ップ	ʃɑp	店、買い物をする	14
short	ショート	**シュオ**ート	ʃɔ:rt	短い、不足して	14
should	シュッド	**シュ**ド	ʃʊd	〜すべき	3, 8
shuttle	シャトル	**シュア**トウ	ʃʌtl	定期往復便	16
sick	シック	**スイ**エク	sɪk	病気の	19
sightseeing	サイトシーイング	**サ**イト**スイ**ーイエング	sáɪtsi:ɪŋ	観光	10
single	シングル	**スイ**ングウ	síŋɡl	シングルの	19
sink	シンク	**スイ**エンク	sɪŋk	沈む	10
sisters	シスター	**スイ**スタア	sístər	sister（姉、妹）の複数形	10
sleep	スリープ	**ス**ˣ**リー**プ	sli:p	眠る	4
slight	スライト	**ス**ˣ**ライ**ト	slaɪt	少しの	14
slow	スロウ	**ス**ˣ**ロ**ウ	sloʊ	遅い、ゆったりした	14
small	スモール	**ス**モーウ	smɔ:l	小さい	17
Smith	スミス	**ス**ミエス	smɪθ	スミス	16
snowing	スノーイング	**ス**ノウイエング	snóʊɪŋ	snow（雪が降る）の現在分詞形	7
so	ソウ	**ソ**ウ	soʊ	そのように	3, 8, 9, 12
some	サム	**ス**ア**ム／ス**ム	sʌm/s(ə)m	いくつかの	2, 10, 17
someone	サムワン	**ス**ア**ム**ゥワンヌ	sʌ́mwʌn	誰か	10, 14
something	サムシング	**ス**ア**ム**スイエング	sʌ́mθɪŋ	何か	10
sometimes	サムタイムズ	**ス**ア**ム**タイムズ	sʌ́mtaɪmz	時々	6
soon	スーン	**スウ**ンヌ	su:n	間もなく	15

単語	カタカナ表記	SKT表記	発音記号	意味	Day
sorry	ソーリー	**サアゥリィ**	sάːri	残念に思う	18
sound	サウンド	**サウンド**	saʊnd	〜に聞こえる	2, 10, 13
sour	サワー	**サウァ**	sάuər	すっぱい	7
south	サウス	**サウス**	saʊθ	南	20
speak	スピーク	**スピーク**	spiːk	話す	10
special	スペシャル	**スペシュウ**	spéʃl	特別な	13, 19
spray	スプレー	**スプゥレイ**	spreɪ	スプレー	14
sprite	スプライト	**スプライト**	spraɪt	妖精、精霊	14
standpoint	スタンドポイント	**ステアンドポイント**	stǽndpɔ̀ɪnt	立場	19
star	スター	**スターァ**	stɑːr	星	1
start	スタート	**スターァト**	stɑːrt	始める	11, 20
station	ステーション	**ステイシュンヌ**	stéɪʃn	駅	13
step	ステップ	**ステプ**	step	歩み、段	16
stew	シチュー	**ステュウ（スチュウ）**	st(j)uː	シチュー	4
story	ストーリー	**ストーゥリィ**	stɔ́ːri	話	21
student	スチューデント	**ストゥウドント（スチュウトゥ）**	st(j)úːdnt	学生	20
study	スタディー	**スタディ**	stʌ́di	勉強する	3, 21
studying	スタディイング	**スタディエング**	stʌ́diɪŋ	study（勉強する）の現在分詞形	21
sugar	シュガー	**シュガァ**	ʃʊ́gər	砂糖	18, 21
suggestion	サジェッション	**サヂェスチュンヌ**	sədʒéstʃn	提案	17
sum	サム	**スアム**	sʌm	合計	12
summer	サマー	**スアマァ**	sʌ́mə	夏	3, 20
sun	サン	**スアンヌ**	sʌn	太陽	12
support	サポート	**サポーァト**	səpɔ́ːrt	支える	6
sure	シュア	**シュア**	ʃʊər	承知しました、確かな	12, 17, 19, 20
T table	テーブル	**テイブウ**	téɪbl	テーブル	8
tag	タグ	**テアグ**	tæg	タグ、付け札	12

240

単語	カタカナ表記	SKT表記	発音記号	意味	Day
take	テイク	**テイク**	teɪk	連れていく	10
taking	テイキング	**テイキング**	téɪkɪŋ	take（取る）の現在分詞形	10
talk	トーク	**トーク**	tɔːk	話す	1
taxi	タクシー	**テアクスィ**	tæksi	タクシー	15
tea	ティー	**ティー**	tiː	お茶	19
teach	ティーチ	**ティーチュ**	tiːtʃ	教える	13
team	チーム	**ティーム**	tiːm	チーム	11
teeth	ティース	**ティース**	tiːθ	tooth（歯）の複数形	10
teethe	ティーズ	**ティーズ**	tiːð	歯が生える	10
tell	テル	**テウ**	tel	告げる、教える	16
term	ターム	**タ〜ム**	təːrm	期間	7
test	テスト	**テスト**	test	テスト	3
than	ザン	**ズエアンヌ／ズンヌ**	ðæn/ð(ə)n	〜よりも	10
thank	サンク	**スエアンク**	θæŋk	感謝する	1, 12, 15, 16, 20, 21
that	ザット	**ズエアト／ズアト**	ðæt/ðət	それ	3, 10, 13, 17, 21
them	ゼム	**ズエム／ズム**	ðem/ð(ə)m	それらは、かれらは	12
theme	テーマ	**スイーム**	θiːm	テーマ	10
then	ゼン	**ズエンヌ**	ðen	そのとき、それから	10
these	ディーズ	**ズイーズ**	ðiːz	これらの	10
they	ゼイ	**ズエイ**	ðeɪ	彼らは	8, 11
thick	シック	**スイエク**	θɪk	厚い	10
think	シンク	**スイエンク**	θɪŋk	考える	10
thinking	シンキング	**スイエンキエング**	θɪŋkɪŋ	think（考える）の現在分詞形	10
this	ジス	**ズイエス**	ðɪs	これは	13, 19, 20
those	ゾーズ	**ズオウズ**	ðoʊz	それらの、あれらの	6, 10
throat	スロート	**スゥロウト**	θroʊt	喉	6
through	スルー	**スゥルウ**	θruː	直通の、〜を通り抜けて	16

単語	カタカナ表記	SKT表記	発音記号	意味	Day
time	タイム	**タイム**	taɪm	時間、時	3, 10, 20
today	トディ	**タデイ**	tədéɪ	今日	4, 8
Tokyo	トーキョー	**トウキオウ**	tóʊkioʊ	東京	1
tomorrow	トモロウ	**タマア・ゥロウ**	təmároʊ	明日	7
tongue	タン	**タング**	tʌŋ	舌	12
top	トップ	**タアプ**	tɑp	頂点	7
tour	ツアー	**トゥア**	tʊər	ツアー	7
toy	トイ	**トオイ**	tɔɪ	おもちゃ	14
train	トレイン	**チュエインㇲ**	treɪn	列車	14, 21
treasure	トレジャー	**チュエジュア**	tréʒər	宝物、大切な人	6
tree	ツリー	**チュイー**	triː	木	14, 19
trip	トリップ	**チュイェプ**	trɪp	旅	14
try	トライ	**チュアイ**	traɪ	試す	14
turn	ターン	**タ〜ンㇲ**	təːrn	回転	7
twins	ツインズ	**トウイェンズ**	twɪnz	双子	17
Ⓤ uncle	アンクル	**アンクウ**	ʌ́ŋkl	おじ	3
unfocused	アンフォーカスト	**アンウォウカスト**	ʌnfóʊkəst	焦点の合っていない	9
university	ユニバーシティ	**イユウネイヴァ〜サティ**	jùːnɪvə́ːrsɪti	大学	21
up	アップ	**アプ**	ʌp	上へ	3, 12, 15
upgraded	アップグレーデッド	**アプグゥレイド**	ʌ̀pgréɪdɪd	upgrade（アップグレードする）の過去形・過去分詞形	9
Ⓥ van	バン	**ヴェアンㇲ**	væn	バン、小型トラック	9
vase	ヴェイス	**ヴェイス**	veɪz	花瓶	9
vest	ベスト	**ヴェスト**	vest	ベスト、チョッキ	9
view	ビュー	**ヴュウ**	vjuː	眺め	4
vision	ヴィジョン	**ヴィジュンㇲ**	víʒn	ビジョン、見通し	13
visit	ビジット	**ヴィェズィト**	vízɪt	訪問する	6
voice	ボイス	**ヴォイス**	vɔɪs	声	6

単語	カタカナ表記	SKT 表記	発音記号	意味	Day
vote	ヴォート	**ヴォウト**	voʊt	投票する	9
voucher	バウチャー	**ヴァウチュア**	váʊtʃər	商品引換券、領収書	20
waiting	ウェイティング	**ゥウエイティング**	wéɪtɪŋ	wait（待つ）の現在分詞形	16
was	ワズ	**ゥウァズ／ウズ**	wɑz/wəz	be 動詞の過去形	19
water	ウォーター	**ゥウォータア**	wɔ́ːtər	水	18
way	ウェイ	**ゥウエイ**	weɪ	道	2, 8
we	ウィー	**ゥウィー**	wiː	私たちは	2, 8, 17, 18, 19, 21
weather	ウエザー	**ゥウエズァ**	wéðər	天候	7, 20
Wednesday	ウェンズデイ	**ゥウエンヅデイ**	wénzdeɪ	水曜日	19
week	ウィーク	**ゥウィーク**	wiːk	週	8, 10, 15
weekend	ウィークエンド	**ゥウィーケンド**	wíːkend	週末	6
weight	ウェイト	**ゥウエイト**	weɪt	重さ	6
welcome	ウエルカム	**ゥウエウカム**	wélkəm	ようこそ	15, 20
well	ウェル	**ゥウエゥ**	wel	よく	4, 11, 13
went	ウェント	**ゥウエント**	went	go（行く）の過去形	8
what	ホワット	**(ホ)ゥワアト**	(h)wɑt	何が、何を	12
when	フェン	**(ホ)ゥウエンヌ**	(h)wen	いつ	11
where	フェア	**(ホ)ゥウエア**	(h)weər	どこに、どこへ	8
which	フィッチ	**(ホ)ゥウィエチュ**	(h)wɪtʃ	どちらの	21
while	ホワイル	**(ホ)ゥウィゥ**	(h)waɪl	～する間に	21
white	ホワイト	**(ホ)ゥウァイト**	(h)waɪt	白い	18, 20, 21
will	ウィル	**ゥウィゥ**	wɪl	～する予定だ	7, 10, 13, 15, 16
wine	ワイン	**ゥウァインヌ**	waɪn	ワイン	19
winter	ウインター	**ゥウィナア**	wíntər	冬	18
wish	ウイシュ	**ゥウィエシュ**	wɪʃ	望む	13
with	ウイズ	**ゥウィズ**	wɪð	～と一緒に	6
woman	ウーマン	**ゥウォマンヌ**	wʊ́mən	女性	6

単語	カタカナ表記	SKT 表記	発音記号	意味	Day
wonderful	ワンダフル	**ゥワンダァゥゥ**	wʌ́ndəfəl	素晴らしい	20
word	ワード	**ワ〜ド**	wəːrd	単語	7
working	ワーキング	**ゥワ〜キング**	wə́ːrkɪŋ	work（働く）の現在分詞形	5, 21
worried	ウォーリー	**ゥウァ〜ゥリィド**	wə́ːrɪd	worry の過去形・過去分詞形	7
wrong	ロング	**ゥローング**	rɔːŋ	間違った、不適切な	10
Y yen	エン	**ィエンヌ**	jen	日本円	2
yes	イエス	**ィエス**	jes	はい	2
yesterday	イエスタデイ	**ィエスタデイ**	jéstədeɪ	昨日	19
yield	イールド	**ィイーゥド**	jíːld	産出する	2
you	ユー	**ィユウ**	juː	あなたは、君は	1
young	ヤング	**ィアング**	jʌŋ	若い	2
your	ユア	**ィユア**	jʊər	あなたの	7
yourself	ユアセルフ	**ィユアセゥヴ**	juərsélf	あなた自身	3
Z Zen	ゼン	**ズエンヌ**	zen	禅宗	10
zoo	ズー	**ズウ**	zuː	動物園	6, 10

［監修］

島岡　丘（しまおか・たかし）
筑波大学名誉教授（言語学博士）・元NHK「ラジオ英語会話」講師
1932年奈良県生まれ、北海道旭川育ち。東京教育大学（現筑波大学）英文科卒業。サンフランシスコ大学、ロンドン大学、UCLA（客員研究員）等に留学。専門は、英語教育（ELEC賞・JACET賞受賞）および英語音声学。SKT（島岡式カタカナ表記）を考案し、1993年、中間言語の音声学（英語のカナ表記システムの確立）で博士号。主な教科書編集として『Sunshine English Course』（開隆堂）、『New Treasure』（Z会）、著書として『英語学と英語教育』（共著・大修館書店）、『語源で覚える-英単語飛躍増殖辞典』（創拓社出版）他多数。

［著者］

島岡良衣（しまおか・よしえ）
株式会社アイファス代表取締役・島岡メソッド共同開発者
中央大学法学部法律学科、横浜国立大学大学院（経済法学修士）を卒業。ニューヨーク大学スターンスクール、およびロンドン・スクール・オブ・エコノミクスでMBAを取得。マッキンゼーでコンサルティングを経験した後、外資系投資銀行で長年に亘り、国内外のクライアントに対して、M&Aをアドバイス。2009年にM&Aアドバイス専門の株式会社アイファスを設立し独立。現在に至る。

CD付
日本語で覚えるネイティブの英語発音
——3週間であなたの英語が見違える島岡メソッド

2013年3月14日　第1刷発行

著　者──島岡良衣
監修者──島岡　丘
発行所──ダイヤモンド社
　　　　〒150-8409　東京都渋谷区神宮前6-12-17
　　　　http://www.diamond.co.jp/
　　　　電話／03・5778・7234（編集）　03・5778・7240（販売）
装丁―――――萩原弦一郎（デジタルデザイン室）
本文デザイン・DTP――ムーブ（新田由起子）
編集協力―――霜村和久
製作進行―――ダイヤモンド・グラフィック社
印刷―――――勇進印刷（本文）・共栄メディア（カバー）
製本―――――ブックアート
編集担当―――高野倉俊勝

Ⓒ2013 Takashi Shimaoka, Yoshie Shimaoka
ISBN 978-4-478-02428-7
落丁・乱丁本はお手数ですが小社営業局宛にお送りください。送料小社負担にてお取替えいたします。但し、古書店で購入されたものについてはお取替えできません。
無断転載・複製を禁ず
Printed in Japan

◆ダイヤモンド社の本◆

あなたの口がネイティブに変わる！

10年以上日本で英語を教えている人気のカリスマ英語講師が、日本人が犯しやすい英語の間違いを指摘。どうすれば、ネイティブにより通じる英語が話せるようになるかを、わかりやすく解説する英会話の本。

中学レベルの英単語で
ネイティブとペラペラ話せる本

ニック・ウィリアムソン [著]

●四六判並製●CD付●定価(本体1600円＋税)

http://www.diamond.co.jp/

◆ダイヤモンド社の本◆

「言いたいことが出てこない」病が あっという間に治ります！

英語が話せないのは、英語の基本ができていないから。この基本40パターンを覚えれば、あとはそれを使いまわすだけでOK！

たった40パターンで英会話！

ニック・ウィリアムソン［著］

●四六判並製●定価（本体1429円＋税）

http://www.diamond.co.jp/

◆ダイヤモンド社の本◆

あら不思議！
魔法のリスニング

1.5倍速音声→ノーマル音声の順で繰り返し聞くと、
ネイティブの話すナチュラルスピードの音声が、
まるでスローモーションのように聞こえてくる！

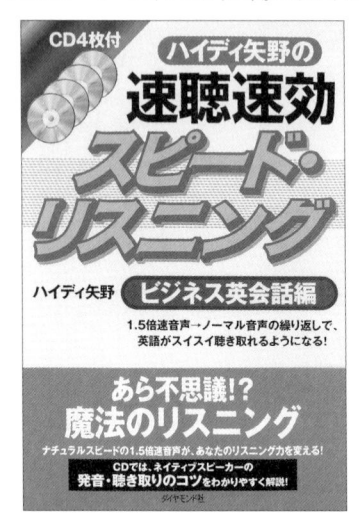

ハイディ矢野の速聴速効スピードリスニング
ビジネス英会話編

ハイディ矢野 ［著］

●四六判並製●定価2730円（税5％）●CD4枚付き

http://www.diamond.co.jp/